FAMILIEN HANDBUCH

Claudia Müller

FAMILIEN HANDBUCH

Liebe bewahren und ausdehnen

Gedanken zu einer
heilsamen Familien- und
Lebensführung

www.gcm-mueller.de

FSC
www.fsc.org
MIX
Papier aus ver-
antwortungsvollen
Quellen
Paper from
responsible sources
FSC® C105338

Mögen Eure Partnerschaften, Eure Kinder und
Familien, ja Euer ganzes Leben gesegnet sein
und unter einem guten Stern stehen. Möget Ihr
immer wieder, auch in stürmischen Zeiten, die
Kraft von Mutter Natur, den Odem Gottes und
der Göttin in Euch spüren.

Liebe ist die stärkste Kraft im Universum,
weil sie verbindet statt trennt.

Freude ist das einzige, was sich verdoppelt,
wenn man es teilt.

Vorwort

Mit diesen Aufzeichnungen will ich meine Gedanken und Erfahrungen über die Zusammenhänge von Gesundheit, Liebe und einer heilsamen Familienführung mit all denen teilen, die sich dafür interessieren. Die wundervollen Kraftquellen, die sich mir auf meinen Wegen erschlossen haben, liste ich für Sie alphabetisch auf. Sie brauchen mir nichts zu glauben, aber Sie können alles ausprobieren und Ihre eigenen Erfahrungen machen. Denn nur darum geht es: das herauszufinden, was Ihnen hilft, Ihr Lebensschiff auch durch stürmische Zeiten und Gewässer zu manövrieren, Ihr wahres Potenzial zu leben und sich immer die Liebe im Herzen zu bewahren.

Einleitung

Mein Buch fängt dort an, wo Romane, Geschichten und Filme in der Regel aufhören. Es beginnt mit der Entscheidung oder dem Entschluss, eine Partnerschaft einzugehen, vielleicht zu heiraten und eine Familie zu gründen. An dieser Stelle im Leben beginnt ein neues Lebenskapitel mit neuen Inhalten und Prioritäten und auch einigen Veränderungen. In unserer Kultur werden wir auf diesen Lebensabschnitt nicht wirklich vorbereitet. Für alles andere brauchen wir Prüfungen, Zertifikate, Nachweise. Für das Leben mit Partner und Kindern aber soll der Erfahrungsschatz aus Elternhaus und Schule, gepaart mit unseren Ideen und Instinkten, einfach ausreichen! Ist dem wirklich so?

Scheidungszahlen, Berichte über Gewalt in Familien, Kindesmissbrauch und andere gesellschaftliche Auffälligkeiten zeichnen ein anderes Bild. Es gibt viel Verunsicherung, auch schon bei der Partnerwahl. Ein fast anstrengendes Verkopftsein, ein Zweifeln an den eigenen Gefühlen oder denen des Partners. Die Verunsicherung setzt sich fort im Zusammenleben, im Umgang mit Kindern wie auch in der Erziehung. Hinzu kommen Hektik, Stress und Druck. Erwarten wir zu viel oder heißt es vielleicht, erst einmal reif zu werden für die Individualität und Freiheit unserer Zeit? Je mehr individuelle Freiheiten wir besitzen, desto höher die Eigenverantwortung eines jeden einzelnen. Und das setzt Bewusstsein, Ordnung und Schulung voraus.

Ver-zweifeln Sie nicht, alles normal, würde ich fast sagen, denn wir leben in einer Zeit großen Wandels. Dieser Wandel betrifft ganz besonders die Institution Familie und unser Zusammenleben. Alte Rollen und traditionelle Muster sind auf dem Prüfstand. Neue Lösungen werden gesucht, ausprobiert und müssen sich im Alltag erst entwickeln und bewähren. Kinder als Spiegel der Eltern und unserer Gesellschaft, konfrontieren uns mit den Ergebnissen. Ist es Zufall, gottgegeben, zivilisationsbedingt oder vielleicht unserer Art zu leben gezollt, dass Allergien, ADHS, Konzentrationsstörungen, Übergewicht, Diabetes, Burnout usw. schon bei unseren Kleinen auf dem Vormarsch sind und so viele Menschen unter chronischen Krankheiten leiden?

In diesem Buch möchte ich Ideen zusammentragen aus dem eigenen reichhaltigen Erfahrungsschatz, damit die Freude am Miteinander und die Liebe untereinander wie auch Gesundheit und Wohlergehen möglichst lange erhalten bleiben. Ein dauerhaft fruchtbares Zusammenleben ist kein Zufall, sondern vielmehr eine Frage von Einstellung, Verhaltensweisen und gegenseitigem Verständnis mit entsprechendem Verhalten und einem hohen Maß an Verständigungswillen. Ein immerwährendes Bemühen um Gemeinsamkeit – und zwar von allen Seiten – ebenso wie ein gutes Miteinander sind erforderlich. Je eher wir uns über diese Zusammenhänge und die dahinter stehenden Mechanismen Gedanken machen, desto besser.

Ziel und Motivation

Wie komme ich dazu, mir Gedanken über die Zusammenhänge von Gesundheit, Liebe und Familie, über eine heilsame Lebens- und Familienführung zu machen?

Als ich heiratete hatte ich die Vorstellung, dass das Leben zu zweit leicht und beschwingt und die Alltagsaufgaben mit links zu meistern sein würden. Es kam anders. Ich erlebte, dass es keineswegs einfach ist, eine langjährige Partnerschaft bzw. Ehe zu führen, Kinder verantwortungsbewusst ins Leben zu begleiten und den Aufgaben und Herausforderungen gerecht zu werden. Oft ist es ein großer Spagat, sich die Freude und Leichtigkeit im Alltag zu bewahren. Es ist nicht selbstverständlich, neben den täglichen Pflichten für den Partner/die Partnerin und die Kinder da zu sein, ohne sich selbst und die eigenen Bedürfnisse aus den Augen zu verlieren. Zudem macht es mich traurig zu sehen, wie viele Partnerschaften so hoffnungsvoll starten und teilweise sehr bald zerbrechen.

Eine Partnerschaft ist eine Herausforderung, ein Wachstumsmotor, ein Schmelzofen, der uns in die höchsten Höhen, aber auch in die tiefsten Tiefen katapultieren kann. Das Wesen der Partnerschaft ist Ursprung und Prägung der Familie. Daher ist die Frage, wie sie lebendig, einfühlsam, kreativ und harmonisch gelebt und gestaltet werden kann, nicht nur wichtig für das Paar selbst, sondern für die ganze Gesellschaft. Denn wo die Paarbeziehung leidet, gibt es Schwierigkeiten in der Familie, und unsere Gesellschaft setzt sich zusammen aus einer Menge von Familien. Sobald viele Glieder schwächeln, lahmt auch das ganze System.

Das Leben ist Beziehung und in Beziehungen lebt unsere Gefühlswelt. Wenn Beziehungen scheitern, leiden alle Betroffenen, vielleicht nur in unterschiedlicher Form. Das kann zu Krankheiten oder psychischen Problemen und/oder zu finanziellen Schieflagen führen, und bei Kindern kommen häufig noch schulische Probleme hinzu. Spätestens dann wirkt sich das Einzelschicksal auf die Gesellschaft im allgemeinen aus. In Beziehungen werden Gefühle leider häufig verletzt, sei es vollkommen unbewusst, unabsichtlich oder manchmal sogar absichtlich. Verletzte Gefühle führen zu Dissonanzen, die das Energiefeld des einzelnen und aller Betroffenen stören, um nicht zu sagen zerstören. Dauerhafter Unfrieden und Misstöne führen zu Kummer, Leid und auf Dauer zu Krankheit. Und was mit dem einzelnen geschieht, hat immer

Auswirkung auf das große Ganze, speziell auf das Umfeld. Die Energie bei einem Streit fühlt sich in etwa so an wie ein Spiegel, der in 1000 Stücke zerspringt. Stellen wir uns doch einfach einmal vor, wie lange die Reparatur dauert und wie viel Mühe es kostet, die Scherben wieder zu etwas Harmonischem zusammenzusetzen! Wir alle kennen vermutlich das Phänomen, dass es sich schlechter lernen oder arbeiten lässt, wenn wir emotional belastet sind durch Druck, Angst, Streit, Beziehungsschmerz oder den Verlust eines geliebten Menschen.

Verständlich also, dass jedes angenehme oder unangenehme Gefühl des einzelnen sich immer auch auf andere, besonders den Partner und die Familie auswirkt. Bei Krankheit, Unfällen, Not, Scheidung, Arbeitslosigkeit, Problemen mit Kindern verhält es sich genauso → es trifft immer den gesamten Familienverbund. Wenn wir also unsere Partnerschaften mit mehr Aufklärung, Verständnis und Wissen führen, können wir nur gewinnen, als Individuum, als Familie und als Gesellschaft.

Das macht die folgenden Worte von Konfuzius ausgesprochen aktuell und zeitlos.

Wenn Du das Land in Ordnung bringen willst,
musst Du die Provinzen in Ordnung bringen.
Wenn Du die Provinzen in Ordnung bringen willst,
musst Du die Städte in Ordnung bringen.
Wenn Du die Städte in Ordnung bringen willst,
musst Du die Familien in Ordnung bringen.
Wenn Du die Familien in Ordnung bringen willst,
musst Du Deine eigene Familie in Ordnung bringen.
Wenn Du Deine eigene Familie in Ordnung bringen willst,
musst Du Dich in Ordnung bringen.

Konfuzius

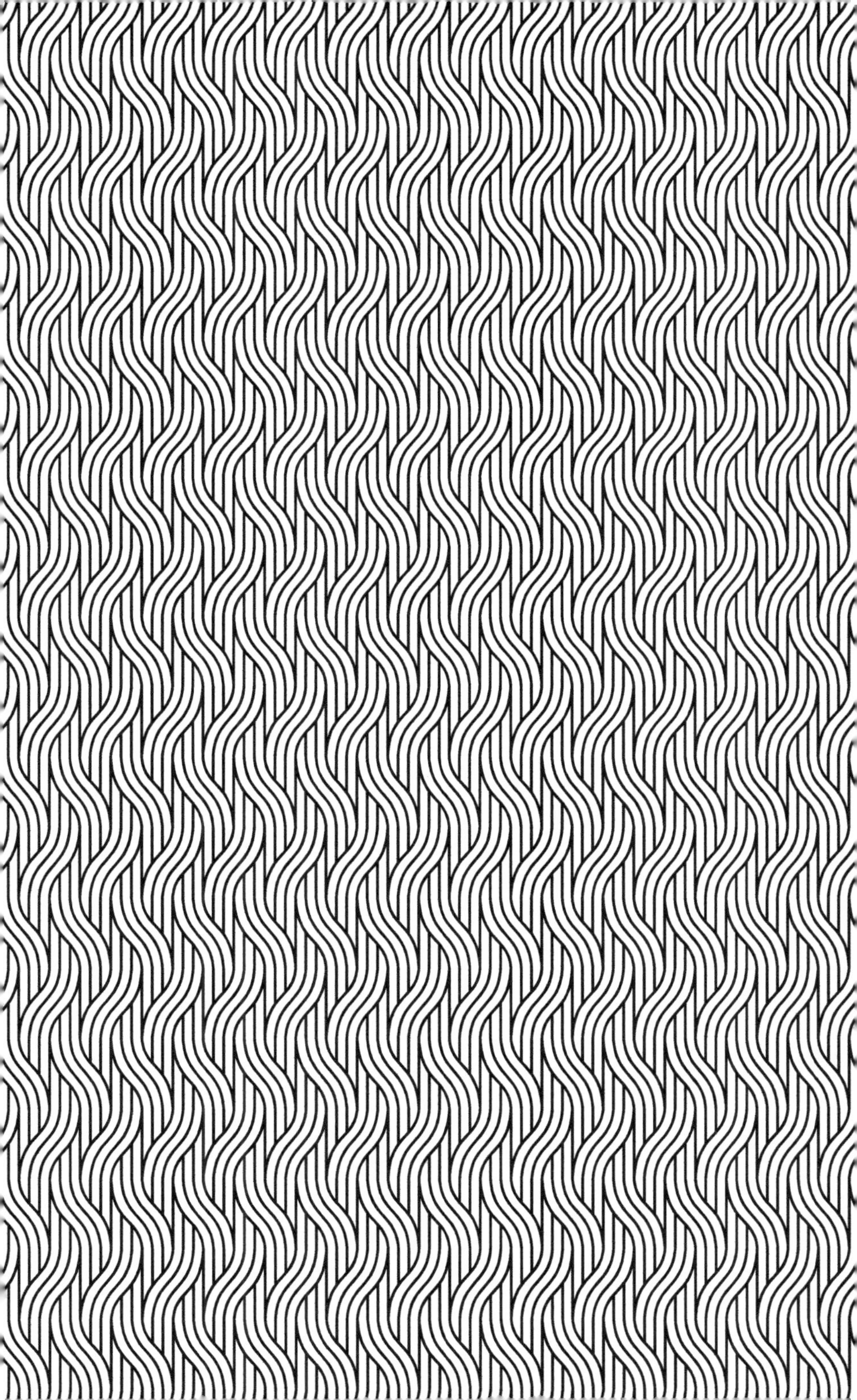

Partnerschaft

Partnerschaft ist ein Menschheitsthema, vielleicht das wichtigste und komplexeste zwischenmenschliche Thema überhaupt. Ich glaube, wir sollten besser darauf vorbereitet sein als wir es bislang sind. Es könnte hilfreich sein, ein wenig Psychologie, Verhaltenslehre und Lebensschule mit auf den Weg zu bekommen. Die Partnerschaft oder Ehe ist außer einer Liebesgemeinschaft auch:

Wohngemeinschaft, Arbeitsgemeinschaft, Finanzgemeinschaft, Erziehungsgemeinschaft, Urlaubsgemeinschaft, Lerngemeinschaft, Schicksalsgemeinschaft ...

Im besten Sinne ist es eine Entwicklungsgemeinschaft: actio/reactio: ich spiegle mich in dir und du dich in mir – beide wachsen und entwickeln wir uns hin zur Liebe, zur Einheit ...

LIEBE = **L**ust des **I**ndividuums auf **E**inheit, **B**ewusstheit und **E**ntwicklung

Aus einer höheren Warte gesehen hat Partnerschaft den Sinn, miteinander und aneinander lieben zu lernen, letztlich damit jeder die gesuchte Einheit in sich selbst entdecken kann. Das Leben jedes sensitiven, geistig orientierten Menschen ist von der Sehnsucht nach der verlorenen Einheit geprägt, die eine Suche nach sich selbst ist. Wir leben in dieser Welt der Dualität, weil wir nur hier zur Einheit zurückfinden können. Denn die Sehnsucht nach ihr wird durch die immer wieder erlebte Dualität lebendig erhalten. Gerade durch die Seele, mit der jeder Mensch am engsten verbunden ist, werden wir am stärksten gefordert und damit gefördert. Schwierigkeiten haben zunächst nichts mit dem Partner zu tun, sondern mit uns selbst. Es ergibt sich die Frage: was habe ich zu lernen, was darf ich verändern, was gibt es für mich in dieser Situation zu tun? Deshalb können die Herausforderungen auch nur in uns selbst und von uns selbst gelöst werden, nicht vom anderen. Echte Partnerschaft besteht aus zwei selbständigen »heilen« Wesen, die ihre Individualität auch in der Vereinigung mit dem anderen bewahren.

Bei der Partnerwahl selbst werden wir von unseren Instinkten geleitet. Hormone und Pheromone (körpereigene Duftstoffe) spielen dabei eine besonders große Rolle. Die Natur hat es so eingerichtet, dass wir uns - ganz im Sinne der Fortpflanzung - mit dem/der stärksten Partner/in zu paaren suchen. Ein Partner, eine Partnerin also, mit dem/der die beste Nachkommenschaft gewährleistet ist. Die Anziehungskräfte wirken unbewusst, vor allem über den Geruchssinn und über die Duftstoffe, die wir als Individuum aussenden, die Pheromone. Dieser Zusammenhang wird im Volksmund mit dem Satz ausgedrückt: »Ich kann ihn/ sie gut riechen« oder nicht gut riechen ...

Anmerkung an dieser Stelle: mit Einnahme der Antibabypille wird dieser Vorgang verändert, weil sich die körpereigenen Duftstoffe während einer Schwangerschaft wandeln. Da die Pille eine Schwangerschaft vortäuscht und sich in dieser Zeit der Geruchssinn und die Körperausdünstungen der Frauen ziemlich verändern können, ist es durchaus möglich, dass ein »falscher Partner« angezogen wird. Dieser Zusammenhang könnte Trennungen bzw. Scheidungen nach kurzem Zusammen- oder Familienleben erklären. Eine Beobachtung, die es sicher wert wäre, untersucht zu werden.

Vielleicht ist es für junge Paare eine folgerichtige Idee, sich vor der Eheschließung auf eine andere Art der Verhütung oder eine Zeit der Abstinenz zu verständigen, um sich der Partnerwahl noch sicherer zu sein.

Leider haben wir in den Industrienationen zunehmend verlernt, natürlich zu sein und unsere Instinkte wahrzunehmen, geschweige denn, ihnen zu vertrauen. Umfragen zufolge mögen Männer an Frauen am liebsten Natürlichkeit. Trotzdem verstecken viele Frauen ihre natürliche Schönheit hinter Tonnen von Schminke, gefärbten Haaren und anderen Chemikalien.

Mit jeder Partnerschaft gehen wir den Schritt vom Ich zum Du und dann zum Wir. Durch die Eheschließung bekennen wir uns im Außen- und Innenverhältnis zum anderen zugehörig und werden Teil seiner Familie/Sippe. Es heißt so schön, du heiratest eine ganze Familie. Abwegig ist das nicht, oft merken wir es allerdings erst viele Jahre später. Ganzheitlich orientierte Menschen gehen davon aus, dass jeder Mensch Informationen und Energien vieler Generationen in sich trägt. Darum empfiehlt es sich, schon früh zu beginnen, sich mit den eigenen Wurzeln, Prägungen, Gefühlen, Wünschen und Bedürfnissen auseinanderzusetzen. So lernen wir uns selbst besser kennen und können unseren Partner und dessen Umfeld auch leichter verstehen. Dieses Verständnis kann davor bewahren, unsere eigenen Mängel auf andere, vorzugsweise den Partner, zu projizieren.

Wie kommt es, dass das Thema Liebe und Partnerschaft manchmal so schwierig zu sein scheint? Darauf gibt es keine einfache Antwort, aber es gibt Einflussfaktoren. Zum einen steht uns häufig unsere hoch gepriesene Verstandesebene im Wege, auf die wir in der heutigen Erziehung so viel Wert legen. Die Herzensebene mit ihren zarten Gefühlen kommt oft schon im Kindesalter viel zu kurz. Prägungen, Erwartungen und das Vorbild aus den Familien bewirken ihr übriges. Auch elterliche und gesellschaftliche Zwänge oder Normen haben großen Einfluss. Mir scheint, dass die Menschheit von heute über die früher übliche »Versorgungsehe« hinausgewachsen ist und sich »Herzensverbindungen« wünscht, ohne genau zu wissen, wie diese gebildet, geschweige denn erhalten werden können. Beträchtliche gesellschaftliche Veränderungen mit ihren Auswirkungen auf unsere moderne Lebensweise und damit auch auf die Partnerschaften kommen noch hinzu. Zu erwähnen wären in diesem Zusammenhang:

- ein immenses Freizeit- und Beschäftigungsangebot
- längere Lebenszeit
- Ausbildungs- und Studienzeiten
- Berufstätigkeit der Frau und ein verändertes Berufsleben
- Neues Selbstbewusstsein der Frau
- verändertes Rollenverständnis
- der Wandel vom Patriarchat zu einer gleichwertigen Partnerschaft von Mann und Frau
- Wegfall der Großfamilie
- Mobilität
- Identifizierung mit dem Beruf / Wertigkeit durch Beruf
- Zeitfaktor: wenig Muße, große Bedeutung von Beruf und Außenwirkung
- Wandel und Entwicklung des einzelnen verlaufen unterschiedlich z.B. neue Prioritäten, neue Lebensinhalte
- Wichtigkeit der materiellen Ebene und gleichzeitig der Wunsch nach immateriellen Werten wie Liebe, Verständnis, Zuwendung, Entfaltung ...

Hierzu nennt die Maslowsche Bedürfnispyramide folgende Punkte:

- Wunsch nach Zugehörigkeit zu einer Gruppe
- Bedürfnis nach Austausch von Zuneigung und Liebe

- Wunsch nach Anerkennung, Achtung und Wertschätzung
- Sehnsucht, im Kern gesehen, erkannt und verstanden
  zu werden
- Wunsch nach Selbstverwirklichung, optimaler Entfaltung,
  und Kreativität
- Suche nach dem Höheren im Leben, nach Halt und Sinn
  durch Religion, Philosophie, Spiritualität.

All das macht unser heutiges Leben sehr bunt und interessant, allerdings auch anspruchsvoller und komplexer, was Partnerwahl und Partnerschaften angeht. Es erfordert ein hohes Maß an Selbstverantwortung, Entscheidungsvermögen und eine gute Intuition jedes einzelnen.

Eheschließungen waren historisch gesehen oft eine Frage der Versorgung, denn Frauen waren als Single kaum überlebensfähig, geschweige denn gesellschaftlich anerkannt (von wenigen Ausnahmen abgesehen). An dieser Stelle nur einige Beispiele aus Deutschland:

- im Mittelalter mussten Frauen ins Kloster gehen, wenn sie
  alleine blieben
- 1886 erste Abiturprüfungen von Frauen in Berlin
- 1900 das Großherzogtum Baden lässt als erstes deutsches
  Land Frauen an den Universitäten Freiburg und Heidelberg
  studieren
- bis 1958 hatte der Ehemann das alleinige Bestimmungs-
  recht über Frau und Kinder
- bis 1962 durften Frauen ohne Zustimmung des Ehemannes
  kein eigenes Bankkonto eröffnen
- bis 1978 wurde die Erlaubnis des Ehemannes benötigt,
  wenn die Frau arbeiten gehen wollte. Er hatte das Recht,
  ihren Arbeitsplatz zu kündigen.

Heute geht es immer mehr um eine Partnerschaft des gleichwertigen Miteinanders im Team und um ein »miteinander Schwingen« auf der Herzensebene, was der gegenseitigen Versorgung nicht widerspricht, sondern sie ergänzt.

Die alten Familienrollen mit Ehemann/Vater als Alleinverdiener und Ehefrau/Mutter, die Haus und Kinder versorgt, verschieben sich. Vielfach besteht der Wunsch, Karriere, Familie und Kinder miteinander vereinbaren zu können. Außerdem die vielen allein erziehenden Elternteile, die häufig die gesamte Last tragen und vielleicht noch das Geld für den Familienunterhalt verdienen müssen. All das ist oftmals ein schwerer Spagat, denn Kindererziehung und Haushaltsführung alleine sind schon anstrengend genug und in vielen Fällen ein »fulltime job«, besonders, solange die Kinder noch klein sind. Hektik, Stress, Burnout, Depressionen und ADHS können die Folgen sein. Das ist sehr schade, denn darunter leiden Eltern und Kinder.

Es gehört zum Wichtigsten, Anspruchsvollsten und Wertvollsten im Leben, Kinder ins Leben zu begleiten und sie zu verantwortungsvollen, selbstbewussten und kritisch hinterfragenden Persönlichkeiten zu erziehen. Ein afrikanisches Sprichwort sagt: »Es braucht ein ganzes Dorf, um ein Kind groß zu ziehen.« In unserer Gesellschaft findet das Hausfrau- und Muttersein leider nicht immer die Anerkennung, die es verdient. Und gerade die mütterliche Energie ist es, die die Menschheit so dringend benötigt. Wie immer die Entscheidung über Familie und Beruf, Voll- oder Teilzeittätigkeit aussehen mag, schauen wir uns an dieser Stelle einmal die umfangreiche Aufgabenliste in einer Familie an.

Aufgaben

Wohnungsreinigung, Gartenarbeit (falls vorhanden),
Einkauf, Dekoration, Blumen, Kochen, Autopflege,
Wäsche, Kleiderpflege, Aufräumen

sowie
Finanz- und Haushaltsplanung
Organisation, Terminplanung
Soziale Kontakte
Kinderbetreuung und Erziehung
Gesundheits- und Krankenpflege
Gefühls- und Herzenswärme
Haustierpflege, falls vorhanden
Elternbetreuung oder -pflege
Seelsorge

Bei einer Stellenausschreibung wären Vielseitigkeit, Flexibilität, gutes Organisations- und Improvisationstalent sowie selbständiges Handeln gefragt. Herzenswärme und Mitgefühl stünden an 1. Stelle, begleitet von guten praktischen Fähigkeiten, gepaart mit entsprechender Allgemeinbildung.

Folgende Berufe wären im Anforderungsprofil enthalten:
Raumpflegerin, Köchin, Wäschepflegerin, Näherin, Gärtnerin, Floristin, Disponentin, Krankenschwester, Psychologin, Erzieherin, Chauffeur, Handwerker, Computerfachfrau, Reiseplanerin, Seelsorgerin, Ärztin ...

Diese Aufzählung erhebt keinen Anspruch auf Vollständigkeit und gilt selbstverständlich auch für Männer, die diese Aufgaben bzw. einen Teil davon wahrnehmen.

Es ist wichtig, sich Gedanken darüber zu machen, wer welche Pflichten in einer Partnerschaft und Familie übernimmt. Diese Überlegungen dürfen immer wieder überprüft und angepasst werden, denn Lebenssituationen ändern sich, neue Aufgaben entstehen und alte fallen weg. Auch Kinder sollten ihrem Alter entsprechend kleinere oder größere Pflichten übernehmen, im Interesse ihrer selbst und des gemeinsamen Zusammenlebens.

Tradition und Moderne

Das Rollenverständnis von Männern und Frauen ist in vielerlei Hinsicht ins Wanken gekommen und sortiert sich neu. Um eines vorweg zu nehmen: ich bin nicht für ein Zurück der Frauen zu Kinder, Küche, Kirche. Allerdings sind Schwangerschaft, Geburt und die Zeit mit dem Kind für Mutter und Kind etwas sehr Bedeutsames und Schutzbedürftiges. In einer entwickelten Gesellschaft sollte es möglich sein, Mutter und Kind diese Ruhe und den erforderlichen Schutz zu ermöglichen. Wir brauchen Eltern, die bereit sind, sich bewusst Zeit und Muße für das neue Lebewesen zu nehmen. Wir brauchen eine Gesellschaft, die versteht, dass das Aufwachsen eines Kindes in einem geschützten und liebevollen Rahmen, die Zeit und Zuwendung, die wir in den ersten Jahren bewusst investieren, die allerbeste Investition in die Zukunft bedeutet. Auch hier gilt: Vorbeugen ist besser und billiger als Nachsorge. Dazu benötigen wir eine Familienpolitik, die hierfür die notwendigen Rahmenbedingungen schafft. Ebenso brauchen wir Arbeitgeber, die anspruchsvolle Arbeitsplätze in Teilzeit, Jobsharing und flexiblen Arbeitszeitmodellen anbieten, um es Frauen und Männern zu ermöglichen, ihre Elternschaft in Hingabe und Gelassenheit leben zu können. Die Möglichkeit zum Wiedereinstieg in Beruf und Karriere sollte auch nach längerer Familienzeit möglich sein und gefördert werden. Menschen sind danach oftmals empathischer, vielseitiger, kreativer, flexibler und sozial kompetenter. Darüber hinaus können sich Prioritäten ändern, auch und gerade nach einer Elternphase.

Berufstätigkeit

In der Partnerschaft stellt sich u.a. die Frage, wer arbeitet wann, wie viel und wie lange. Wie sieht die finanzielle Situation aus, wie viel Zeit bleibt für den Partner und die Kinder, welche Zeit bleibt für sich selbst. Der Arbeitsrhythmus bestimmt in der Regel den Familienrhythmus. Daher ist es wichtig, sich darüber im klaren zu sein, was wir für uns selbst und unsere Familie wollen. In Zukunft werden mehr und mehr flexible Arbeitszeit- und Teilzeitmodelle gefragt sein, auch in anspruchsvollen Berufen. Verständlich, dass gut ausgebildete junge Menschen ihre Fähigkeiten einbringen wollen. Aber sie werden auch Zeit für ihre Familie, ihre persönliche Entwicklung, für Kreativität und Hobbys haben wollen. Und Zeit ist in unseren Breitengraden zum größten Luxusfaktor geworden. Bedenken wir also gut, wie wir sie verbringen wollen!

Apropos Zeit: wenn wir jung und gesund sind, übersehen wir häufig, dass das Leben endlich ist. Im Rückblick bedauern viele Menschen, nicht mehr Zeit in der Natur oder mit Familie und Freunden oder der Pflege von Hobbys verbracht zu haben. Das Leben selbst unterliegt einem natürlichen Rhythmus: alles hat seine Zeit und alles zu seiner Zeit. Es gibt nicht nur den Zeitverlauf (Chronos), sondern auch eine Zeitqualität (Kairos – den sog. glücklichen Moment). Wenn wir Menschen das Wissen über die Zeitqualität in unser Leben einladen, wird es uns leichter fallen, uns dem Fluss des Lebens anzuvertrauen. Es ist wie in der Landwirtschaft: da gibt es die Zeit zu säen, zu ernten, zu ruhen und abzuwarten, wie sich die Saat entwickelt. Dieses Bild passt bestens, wie ich finde, für Partnerschaft und Kinder.

Auch unser Lebensrhythmus ist vergleichbar mit den vier Jahreszeiten:

<u>Kindheit und Jugend:</u> entspricht dem Frühling = Erwachen/Werden

<u>Hochzeit und Familienphase:</u> gleicht dem Hochsommer, der Fülle

<u>Mittleres Alter:</u> nach der Menopause in etwa beginnt der Herbst des Lebens

<u>Das Alter:</u> der winterliche Ausklang, Zeit der Reife, Weisheit und Stille

Betrachten wir unser Leben im Hinblick auf die mögliche Lebenszeit und die Lebensabschnitte, können wir je nach Lebensabschnitt neue Aufgaben entdecken und eventuell andere Prioritäten setzen. Gemessen an Lebensrhythmus und Lebensarbeitszeit wäre es schön, ausreichend Zeit in der Phase »Kinder und Familie« zu haben. Leider sieht die Realität meist anders aus, eher haben wir zu wenig Zeit für die Familie, ganz zu schweigen von dem weit verbreiteten Mangel an persönlicher Muße und Persönlichkeitsentwicklung.

Für eine bewusste Entscheidung, wie viel Zeit dem Berufs- und wie viel Zeit dem Privatleben gewidmet wird, ist auch das nächste Kapitel der Finanzen von entscheidender Bedeutung.

Finanzen

Geld hat man oder auch nicht, aber man spricht nicht drüber, so dachten unsere Eltern und handelten danach. In Beziehungen, genau wie im Alltag jedes einzelnen, geht es jedoch häufig ums Geld, besonders um das nicht vorhandene ... Entweder reicht es nicht, wird falsch ausgegeben oder die Partner haben unterschiedliche Prioritäten und Ansichten in Bezug auf die Verwendung der materiellen Ressourcen. Um späterem Streit vorzubeugen, ist es sehr ratsam, für Klarheit in finanziellen Angelegenheiten zu sorgen.

Mein Vorschlag hierzu: machen Sie einen Haushaltsplan, d.h. eine Liste der gesamten monatlichen bzw. jährlichen Ausgaben und Einnahmen. Eine Hochrechnung auf das gesamte Jahr ist sinnvoll und erleichtert den Überblick, auch in Bezug auf größere, einmalige und außergewöhnliche Anschaffungen. Im folgenden das Beispiel einer Kostenaufstellung, die Sie auf Ihre ganz persönliche Situation übertragen können:

- Haushaltskosten
- Miet- und Nebenkosten
- Strom
- Telefon, Handy, Computer
- Fernsehen, Zeitungen, Abonnements
- Hausrats- und Haftpflichtversicherung
- Krankenversicherung (evtl. Zusatzvers./priv. Krankenvers.)
- andere Versicherungen: z.B. Lebens-, Berufsunfähigkeitsversicherung
- private Altersvorsorge
- Auto, KFZ-Versicherung, KFZ-Steuer
- Vereinsbeiträge, Hobbys, Sport, Kultur
- Ratenzahlungen
- Urlaub
- Reparaturen, Anschaffungen
- Haushaltskosten (Ernährung ...)
- persönlicher Betrag pro Person für Kleidung, Kosmetik ...
- Kinder: Kindergartenbeiträge, Kleidung, Anschaffungen, evtl. Babysitter

Diese Aufzählung gibt eine Idee des Umfangs möglicher Fix- und variabler Kosten. Der klare Überblick sollte auch genutzt werden, um eventuelles Einsparungspotenzial aufzuspüren.

Außerdem ist es von Vorteil – auch wenn es Ihnen altmodisch erscheinen mag – ein Haushaltsbuch zu führen. Das bedeutet, alle Belege zu sammeln, um Ihre Ausgaben am Ende des Monats zusammenzählen zu können. Dies ermöglicht einen guten Überblick über die monatlichen Haushaltsausgaben. Ich persönlich führe bis heute ein solches Haushaltsbuch, womit ich bereits am Anfang meiner Ehe begonnen habe.

Bei meinen kleinen und größeren Alltagseinkäufen ziehe ich Barzahlung vor. Damit erhalte ich mir einen größeren Bezug zum Geldfluss und einen besseren Überblick über den aktuellen Kontostand. Vielleicht ist das auch eine Anregung für meine Leser. Die Nutzung von EC- und Kreditkarten können zu höherem Konsumverhalten verleiten, von dem nicht Sie sondern andere profitieren.

Nachdem Sie Ihre Ausgaben notiert haben, verfahren Sie ebenso mit Ihren Einnahmen. Sie notieren sich, welches Gehalt hereinkommt, das Kindergeld, mögliche Nebeneinkünfte und Renditen aus Anlagen, falls vorhanden. Seien Sie ehrlich zu sich selbst und notieren Sie nur die wirklich gesicherten Einkünfte.

Beim bewussten Gegenüberstellen von Kosten und Einnahmen, erhalten Sie ein Gefühl für Ihren finanziellen Rahmen. Das erleichtert auch Entscheidungen darüber, an welcher Stelle eventuelle Einsparungen möglich sind oder ob z.B. etwas dazu verdient werden müsste/könnte. Grundsätzlich sollte man nur anschaffen, was bezahlt werden kann, eine Verschuldung möglischst vermeiden und im Falle einer Kreditaufnahme auf genügend Eigenkapital achten. In manchen Fällen kann es auch von Vorteil sein, die Beratung eines unabhängigen Finanz- und Versicherungsmaklers in Anspruch zu nehmen. Sei es in Bezug auf Versicherungen oder beispielsweise im Hinblick auf Vermögensaufbau, wobei hier der mittel- bis langfristige Aspekt im Fordergrund steht. Solche Berater finden Sie am besten über persönliche Empfehlung und natürlich über das Internet oder die IHK direkt vor Ort. Vorsicht auch vor den vielen Finanzbetrügern! Hier empfiehlt sich ein Blick auf die Webseite der deutschen Finanzmarktaufsicht, ob der Finanzberater auch eine Zulassung hat.

https://www.bafin.de/DE/Aufsicht/BankenFinanzdienstleister/
Zulassung/
In Österreich ist hierfür die Finanzmarktaufsicht FMA,
in der Schweiz die FINMA zuständig.

Nachdem ich bis jetzt die ganz praktischen Dinge des Alltags angesprochen habe, komme ich nun zum eigentlichen Kern meines Anliegens, den zwischenmenschlichen Beziehungen.

Von der Ehe

Dann sprach Almitra abermals und sagte:

Und was ist mit der Ehe, Meister?

Und er antwortete und sprach:

Ihr wurdet zusammen geboren,

und ihr werdet immer zusammen sein.

Ihr werdet zusammen sein, wenn die weißen Flügel

des Todes eure Tage scheiden.

Ja, ihr werdet selbst im stummen

Gedenken Gottes zusammen sein.

Aber lasst Raum zwischen euch.

Und lasst die Winde des Himmels zwischen euch tanzen.

Liebt einander, aber macht die Liebe nicht zur Fessel:

Lasst sie eher ein wogendes Meer zwischen den

Ufern eurer Seele sein

Füllt einander den Becher, aber trinkt nicht aus einem Becher.

Gebt einander von eurem Brot, aber esst nicht vom selben Laib.

Singt und tanzt zusammen und seid fröhlich,

aber lasst jeden von euch allein sein,

so wie die Saiten einer Laute allein sind und

doch von derselben Musik erzittern.

Gebt eure Herzen, aber nicht in des anderen Obhut.

Denn nur die Hand des Lebens kann eure Herzen umfassen.

Und steht zusammen, doch nicht zu nah:

Denn die Säulen des Tempels stehen für sich,

Und die Eiche und die Zypresse wachsen nicht

im Schatten der anderen.

Khalil Gibran

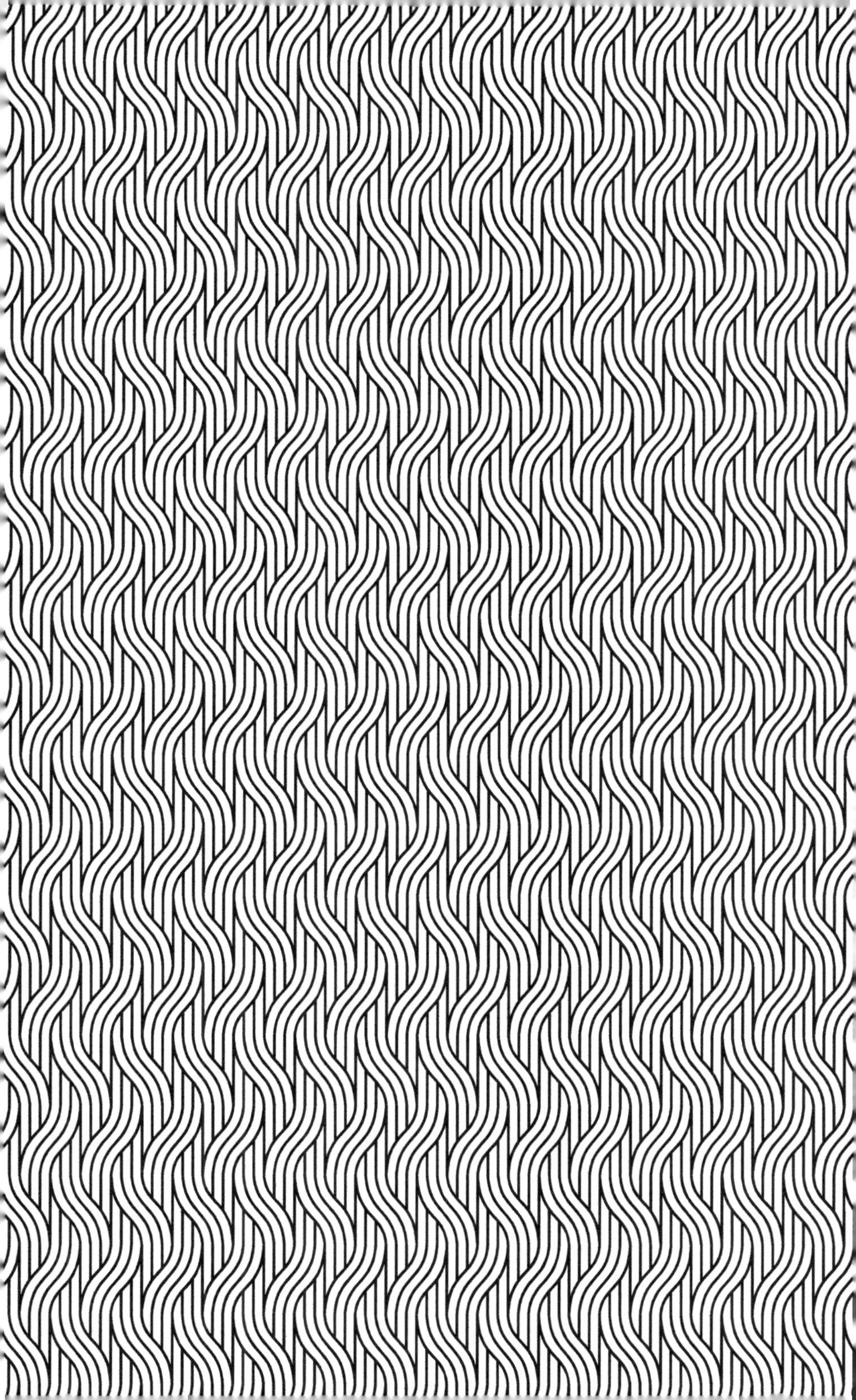

Liebe / Beziehungspflege

Der Arzneien höchste ist die Liebe
Paracelsius

Beziehungspflege

Alle sprechen von Liebe, doch fast jeder Mensch hat eine eigene Vorstellung und Interpretation von ihr, gepaart mit den ureigensten Wünschen und Sehnsüchten. Für manche bedeutet sie das ewig prickelnde Gefühl der Verliebtheit, der Schmetterlinge im Bauch und sexuellen Anziehungskraft. Andere bringen sie eher in Verbindung mit Vertrautheit und dem heimeligen Wohlgefühl von Kamingeknister, während bei manchen die gegenseitige Versorgung im Vordergrund steht. Viele Menschen stellen sich unter Liebe ein ständiges Empfangen vor. Das Leben lehrt uns jedoch, dass es um den Ausgleich von Geben und Nehmen geht. Am besten, wir betrachten die Liebe wie einen Kuchen, der aus mehreren Zutaten besteht wie:

Würdigung, Aufmerksamkeit, Anerkennung, Angenommensein, Vertrauen, Akzeptanz, Respekt, Zuverlässigkeit, Ehrlichkeit, Zärtlichkeit, Nähe, Anziehung, Erotik, Treue, Toleranz, Fairness, Hingabe, Mitgefühl, Romantik, Abenteuer, Zusammensein, Dankbarkeit, Teilen, Verantwortung, Verbindung, Gemeinsamkeit: Zeit für Dich – Zeit für mich – Zeit für uns …

Darüber hinaus geht es um eine geistig-seelische Entwicklung. Denn ein Leben in Gemeinschaft fordert und fördert einerseits die Überwindung von Egoismen und andererseits die Entfaltung von Herzensöffnung, Verbindung, Flexibilität, Zuverlässigkeit und gemeinsamen Absprachen etc.

Beobachten wir Verliebte, so fällt sofort die Freude, Beschwingtheit und Leichtigkeit auf, mit der sich zwei Menschen begegnen. Könnten wir uns im Leben dieses Gefühl bewahren, gäbe es weniger Aggression, Kummer, Leid, Krankheit. Wenn wir lernen, wieder mehr in Liebe zu leben, bereichern wir unser eigenes Leben und das der anderen. Wir würden uns mehr Lebensqualität und vermutlich auch eine ordentliche Portion Gesundheit bescheren. Liebe für andere setzt Selbstliebe voraus. Wer gut zu sich selbst ist, kann auch gut zu anderen sein.

Wichtig ist die Aufmerksamkeit und Wertschätzung, die wir uns und anderen schenken. Wir sollten unseren Gefühlen Gehör schenken, denn Stress, Angst, Kummer, Überforderung, Depression etc. sind Gegenspieler der Liebe und der Gesundheit. In der Liebe blicken wir auf die Gemeinsamkeiten und nicht auf das, was uns trennt. Hierzu geben uns Partnerschaft und Kinder täglich aufs Neue Gelegenheit. Eine langjährige Partnerschaft, die Begleitung von Kindern ins Leben, ein Wachsen in Liebe, Verständnis und Flexibilität, das sind große Herausforderungen im Leben.

Wie also erhalten und gestalten wir eine langjährige Herzensbeziehung? Wie erhalten wir die Anziehungskraft? Allem voran steht die Würdigung, die wir uns gegenseitig schenken sollten. Dankbar sein für die gemeinsame Zeit, auch schon für Kleinigkeiten. Wir sollten bedenken, dass nichts selbstverständlich ist.

Genügend Zeit für Intimität ist sicher ein wichtiger Faktor für eine lebendige Partnerschaft.

Liebe könnten wir betrachten wie eine Pflanze, die gegossen, gedüngt, gehegt und gepflegt werden will, weil sie sonst verkümmert und verdorrt. Auf jeden Fall sollten wir der Liebe

Ausdruck verleihen und beherzigen, was uns Weisheitslehren mit auf den Weg geben:

Ein nettes Wort zur rechten Zeit, ein liebevoller Ton im Umgang miteinander, ein Lob, kleine Aufmerksamkeiten und Geschenke, all das erhält eine gute Stimmung und Schwingung. Und auf eine gute Schwingung kommt es an.

Vergessen wir auch nicht: in jedem Manne steckt ein kleiner Junge und in jeder Frau ein kleines Mädchen. Und die sind häufig schon in ihrer Kindheit übergangen, überhört, verletzt oder nicht gesehen worden. Indem wir loben, trösten, zuhören, wertschätzen, aufeinander zugehen, zärtlich sind und Verständnis zeigen, heilen wir den anderen wie auch uns selbst. Und noch ein wichtiger Tipp: bringe du all das ein, was du dir selber wünschst.

Dabei dürfen wir auch gut für uns selbst sorgen und unsere eigenen Bedürfnisse erfüllen. Das erlöst uns aus der Erwartungshaltung gegenüber dem Partner und entspannt beide ungemein. Es ist eine gute Voraussetzung für eine Partnerschaft auf Augenhöhe.

Diese gesunde Selbstliebe ist nicht zu verwechseln mit Narzissmus. Selbstliebe heißt, achtsam mit sich selbst zu sein, sich selbst wertzuschätzen, sich nicht zu überfordern, ehrlich zu sich selbst zu sein, sich auch Ruhe und Zeit zu gönnen und die eigenen emotionalen Grenzen zu wahren. Mit einer gesunden Selbstliebe schaffen wir das rechte Maß von Abgrenzung und Nähe, was so wichtig ist für ein dauerhaftes Zusammenleben.
Sei gut zu dir selbst und lerne dich kennen. Dann wirst du dir selbst und dem anderen ein guter Partner sein.

Unabhängig davon empfiehlt es sich, dem Partner die eigenen Wünsche mitzuteilen, und nicht wie Dornröschen, heimlich auf die Erfüllung der unausgesprochenen Träume zu warten. Wir werden dann immer weniger enttäuscht sein, denn oft sind es die unausgesprochenen Erwartungen, die uns Menschen trennen und ent-täuschen, was eigentlich bedeutet, dass wir uns von einer Täuschung befreit haben.

Die folgenden Ideen dienen als Anregung für die Pflege der Partnerschaft. Sie können selbstverständlich erweitert und kreativ gestaltet werden.

- Wille zur Gemeinschaft
- Zeit für den/die Partner/in zum Zuhören – Kommunikation – Austausch
- Zeit für Zärtlichkeit – Zeit zu zweit (bleiben Sie in Berührung)
- Zeit für sich selbst
- Abstand, eigene Interessen, eigene Entfaltung
- Respekt, Wertschätzung, Gegenseitige Achtung
- Freundlichkeit
- Dankbarkeit, auch für scheinbare Selbstverständlichkeiten
- Konfliktfähigkeit, auch Unangenehmes sollte angesprochen werden
- Überraschungen – sie sind das Salz in der Suppe – werden Sie kreativ
- Wertschätzung, Lob, liebevolle Gesten
- guter Ton ... macht die Musik
  (jedes Wort hat Macht und Energie)
- Kleine Geschenke erhalten die Freundschaft
  (von Kinokarte bis Kurztrip)
- Romantik: gemeinsam Sterne zählen, den Sonnenauf- oder Untergang betrachten, einen Spaziergang bei Mondschein machen ...

- Pflege der Gemeinsamkeiten (Hobbys …), Blick auf die Gemeinsamkeiten
- Verspieltheit
- Attraktivität (pflegen Sie Ihr Äußeres, denken Sie an den guten Duft …)
- Abenteuer … Natürlich ist jede Partnerschaft wie ein individuelles Kunstwerk zu betrachten, finden Sie Ihren ganz persönlichen Ausdruck für Ihr Kunstwerk!
- Fragen, was der andere sich wünscht
- Entwicklung und Austausch in einem Frauen- bzw. Männerkreis
- **KRIEG** vermeiden – gemeint ist: **K**ritiksucht, **R**echthaberei, **I**ntoleranz, **E**ifersucht, **G**eltungssucht

Wie groß der Wandel in einer Gesellschaft, im Familienleben, im Arbeits- und Freizeitverhalten auch immer sein mag, das Leben ist Beziehung. Und in Beziehungen will sich LIEBE ausdrücken.

Es ist schön, wenn Männer ihren Frauen Kavaliere sind, ihnen die Tür aufhalten, ihnen in den Mantel helfen und das von Herzen tun. Männer sollten ein Schutzschild für die Familie sein und verlässlich. Es wäre wünschenswert, wenn sie den Aspekt der Anerkennung pflegen und ausdehnen würden, Anerkennung für sich selbst und andere, sei es beruflich oder privat.

Vergessen wir nicht, dass das Kind im Manne ein wertvolles Juwel ist, das gelebt werden will. Wer es von Zeit zu Zeit auslebt, sei es im Hobby, im Sport, mit den eigenen Kindern oder vielleicht sogar beruflich, scheint länger und zufriedener zu leben.

Frauen dürfen Annahme und Fürsorge ausdehnen, ohne dabei das Gefühl des Rückfalls in alte Zeiten der Unterwürfigkeit fürchten zu müssen. Vertrauen, Kreativität, Gelassenheit, Verbundenheit, Freiheit, Frieden, Verantwortung Freude, Dankbarkeit, all das und vieles mehr sind wichtige Qualitäten, die gelebt und entfaltet werden dürfen.

Einige Beispiele für weibliche und männliche Aspekte:

weiblich	männlich
Gefühle	Verstand, Denken
Intuition	Logos
Nacht	Tag
Mondenergie	Sonnenenergie
Ruhe	Bewegung
Passivität, Ruhe	Aktivität
Hingabe	Kontrolle
Vertrauen	Macht
Entspannung	Anspannung
Natur	Technik
nährend	aktivierend
introvertiert	extrovertiert
empfangen	geben
verbindend	allein, solo
sein	tun
innen	außen

Zur Zeit ist unsere Welt noch recht männlich geprägt mit den dazugehörigen Attributen und deren negativen Auswüchsen von Macht, Dominanz, Konkurrenz, Stolz, Wettkampf, Wettbewerb, Effizienz, Verstand und Logos. Die Emanzipation des 20. Jahrhunderts hat gottlob eine Befreiung des weiblichen Geschlechts gebracht, doch auch zu einer Art vermännlichtem Frausein geführt. Es scheint die Zeit gekommen, das weibliche Prinzip mehr in den Fokus zu rücken und zu leben.

[Buchempfehlung zum Thema Weiblichkeit:
Bücher von Maitreyi Piontek]

Wenn wir an dieser Stelle die Bedürfnisse und Entwicklung des Kindes in der Schwangerschaft und den ersten Lebensjahren betrachten, können wir erkennen, dass in dieser Phase Qualitäten wie Annahme, Empfänglichkeit, Vertrauen, Gelassenheit, Mitgefühl, Verbundenheit, Intuition, Freude, Dankbarkeit und Frieden besonders wichtig sind. Damit werden die elementare Grundlagen für das Leben geschaffen. Sind diese Grundlagen in der Kindheit nicht gelegt oder sogar verletzt worden, können sie sich früher oder später im Leben umkehren in Angst, Wut, Groll, Hass, Misstrauen, Schuldgefühle, Selbstabwertung oder/und Gier, was sich letztlich im Körper in irgendeiner Form von Krankheit ausdrücken kann bzw. wird.

Aufgrund dieser Zusammenhänge wird klar, welch wichtige Rolle Elternschaft und wahre Weiblichkeit und Mütterlichkeit spielen. Ebenso wird verständlich, wie elementar Zuwendung, Ruhe, Sicherheit und Verlässlichkeit schon bzw. gerade in der Schwangerschaft und in den ersten Kindheitsjahren sind.

Für mich liegt ein großer Teil der individuellen und kollektiven Heilung der Welt in der Entfaltung der oben beschriebenen weiblichen Qualitäten. Wenn wir unsere Partner, Kinder und auch andere Menschen aus vollem Herzen annehmen und ihnen Vertrauen, Selbstwertgefühl, Ruhe und Gelassenheit entgegen bringen bzw. vermitteln können, wenn wir uns gegenseitig ein Gefühl von Verbundenheit schenken und selbst verankert sind in dem Vertrauen auf Mutter Natur und die göttliche Natur jedes einzelnen, dann wird sich Frieden in uns ausdehnen und verbreiten können. Wieder auf unser Herz zu hören, unsere Gefühle zu beachten und unseren Instinkten zu vertrauen, bringt uns mehr und mehr in Verbindung mit unserem weiblichen Sein.

Ein weiterer wichtiger Faktor für die menschliche Entwicklung ist die friedliche Koexistenz beider Geschlechter. Das männliche Prinzip als das aktive, expandierende Element und das Weibliche als der empfangende, wandelnde und ruhende Pol ergänzen sich wunderbar. Aus meiner Sicht geht es heute in allen Lebensbereichen mehr denn je darum, sich mit Wertschätzung zu begegnen, Gegensätze und Zwiespalt zu überwinden, Brücken zu bauen und Verständnis und Kooperation zu entwickeln, im kleinen wie im großen. Und anstatt auf andere oder auf »die Großen« zu zeigen, fangen wir doch selbst schon einmal bei uns in der allernächsten Umgebung an.

All das erwähne ich, weil die alten Rollenbilder teilweise über Bord geworfen sind und wir als Gesellschaft eine neue Ordnung suchen, in der wir Orientierung finden. Und ob wir es wollen oder nicht, eine Ordnung braucht es immer. Es ist an der Zeit, dass wir Menschen uns an den zeitlosen und übergeordneten, universellen Gesetzmäßigkeiten und Weisheiten orientieren.

Spiegelgesetz

Unser/e Partner/in ist ein Spiegel von uns selbst. Er/sie konfrontiert uns mit unseren eigenen Themen, Schwachstellen und möglicherweise mit einem gefühlten Mangel in uns. Ganz allgemein gilt: was uns an unserem Gegenüber stört, hat etwas mit uns selbst zu tun. Zu erkennen, was wir integrieren dürfen, wie wir uns und unsere Fähigkeit zu mehr Liebe und Selbstliebe entfalten können, ist die Kunst. Manchmal bedeutet es, dem Partner mehr Geduld, Toleranz, Aufmerksamkeit entgegenzubringen, in anderen Fällen bedarf es einer mutigen Auseinandersetzung, Klärung und Aussprache oder auch einem größeren Einstehen für die eigenen Positionen, Haltungen und Bedürfnisse.

Sollten Sie das Gefühl haben, in einer Sackgasse zu stecken, suchen Sie sich die Mediation einer Ehe-, Partnerschafts- bzw. Familienberatung. Oftmals lassen sich Missverständnisse mit Hilfe von Dritten leichter überwinden.

Viele Partnerschaften sind Gegensatzpaare, so dass es nicht langweilig wird. Sie haben sich gefunden nach dem Prinzip: *Gegensätze ziehen sich an ...*

Ein reichhaltiges Übungsfeld also in puncto Zwischenmenschlichkeit. Symbiotische Beziehungen kommen zusammen nach dem Motto: *Gleich und Gleich gesellt sich gern ...*

In diesen Partnerschaften gibt es bereits von Natur aus weniger Reibungsfläche, weniger Spannung, was allerdings auch Spannungslosigkeit bedeuten kann.

Wie auch immer ein Paar aufgestellt ist, alle wünschen sich Liebe, Zuwendung, Verständnis, Gemeinsamkeit, Wärme etc. Die einzige Frage ist, wie wir das dauerhaft hinbekommen.

Kindheitsgedächtnis und -erinnerung

Unsere menschliche Zellerinnerung reicht weit zurück, mindestens bis in die früheste Kindheit, ja bis in die Zeit im Mutterleib und in alte Leben, wenn man in Reinkarnationszyklen denkt. Aus diesem Grunde werden wir, sobald wir eine Partnerschaft eingehen und Kinder bekommen, an unsere eigene Kindheit erinnert. Das Verhalten unserer Eltern und unsere Kindheitserlebnisse, gute wie weniger gute, Glücksmomente sowie Ängste und Traumatas kommen bewusst oder unbewusst ins Gedächtnis. Viele Menschen nehmen sich vor, es nicht so machen zu wollen wie ihre Eltern. Leider aber haben sich die familiären Muster oft so sehr eingeprägt, dass es schwer fällt, diese zu verändern. Für eine Veränderung wird ein neues Bild gebraucht. An dieser Stelle bleiben Menschen oft stecken, weil sie nur das alte Bild haben. Daher ist es wichtig, sich mit den eigenen Ängsten und Kindheitsthemen auseinanderzusetzen, um nicht die neue Familie wieder mit denselben Mustern zu belasten.

Wenn Sie meinen Ausführungen nicht glauben können, schauen Sie sich die krassen Beispiele von Missbrauch bzw. Vergewaltigung an: die Täter kommen oft aus dem familiären Umfeld oder Bekanntenkreis und sind häufig in ihrer Kindheit selbst missbraucht oder vergewaltigt worden. Ein Schmerz, der wieder und wieder fortgesetzt wird bis bewusst eine andere Entscheidung entsteht/entstehen kann.

Wer also versteht, was so schmerzlich für ihn bzw. sie war und sich diesem Schmerz stellt, der kann ein neues Muster oder Bild kreieren. Hilfreich hierfür sind folgende Ideen:

- nie zu viel vornehmen, lieber Schritt für Schritt
- ich möchte es (konkreten Sachverhalt anschauen und benennen) anders machen
- die damalige Situation der Eltern ansehen – meistens geben diese nur weiter, was sie in ihrer Kindheit erlebt haben
- Gespräche führen
- ein neues Bild kreieren und sich dieses immer wieder ins Gedächtnis rufen
- sich fragen, was würde das Göttliche jetzt in dieser Situation tun
- rechtzeitig Hilfe annehmen in Form von Mediation, Beratung ...
- bei Missverständnissen einige Male tief ein- und ausatmen, sich unter Umständen auf der Achse umdrehen und erst danach antworten, wenn überhaupt nötig.

Lebensschule

Partnerschaft und Familie bedeutet auch Lebensschule par excellence. Was heißt das? Wir lernen:

- Selbsterfahrung: erst durch andere lerne ich mich selbst kennen
- Zwischenmenschlichkeit
- *b*edingungslose Liebe: ein Gefühl der Verbundenheit, der Akzeptanz ohne Bedingungen oder Erwartungen
- Überwindung und Brückenbau: immer wieder aufeinander zuzugehen
- Annahme: den anderen so anzunehmen, wie er/sie ist
- Anerkennung: Lob ist Balsam für die Seele, Lob und Anerkennung spornen an
- Wachstum: für andere, insbesondere für Partner und Kinder, gelingt es uns, Dinge zu tun, die wir uns selbst nicht zugetraut hätten
- Selbstliebe: uns selbst zu lieben und in Frieden mit uns zu sein, unsere emotionalen Grenzen zu setzen – also emotionalen Verletzungen Einhalt zu gebieten
- Ergänzung: durch die Qualitäten des Partners
- Konfrontation: mit den eigenen Schwachstellen durch das Gegenüber
- Integration: von männlichen und weiblichen Anteilen/ Qualitäten in uns
- Überwindung: der Dualität, der Gegensätze
- Ganzwerdung: wir integrieren, was uns vermeintlich fehlt und überwinden das Gefühl von Mangel in uns, nicht komplett zu sein.
- Teamwork: führen im Team heißt, dass immer der führt, der die größere Kompetenz in einem Bereich besitzt

Bewusst oder unbewusst strebt jeder Mensch nach Entwicklung, Ganzheit, Einheit, Unabhängigkeit und Vollkommenheit, nach bedingungsloser Liebe, dem Angenommensein ohne Bedingungen. Für Kinder ist eine harmonische, friedvolle, beschwingte und auf gegenseitiger Achtung und Lernbereitschaft basierende Partnerschaft der beste Nährboden.

Erfahrung – Empfindung – Entscheidung

Der Mensch macht Erfahrungen, durch diese Erfahrungen stellen sich Empfindungen ein, gute oder weniger gute. Aufgrund der gemachten Erfahrungen und den damit einhergehenden Gefühlen folgen dann unsere Entscheidungen. Wir entscheiden, was und wie wir etwas wollen, bzw. nicht mehr wollen. Je mehr wir mit unseren Gefühlen in Verbindung stehen, desto leichter fällt es uns mit der Zeit, die richtigen Entscheidungen zu treffen. Denn auf unser Bauchhirn ist Verlass, und so lernen wir mehr und mehr Herz und Verstand miteinander zu verbinden. Entscheidungen treffen wir dann nicht mehr nur im Sinne unseres eigenen Wohlbefindens, sondern auch im Sinne des uns anvertrauten größeren Ganzen.

Ehe

Jedes Paar, das eine Ehe schließt, ist der Überzeugung, dass ihre Liebe lange oder ewig hält. Damit das annähernd gelingt, sollten wir lernen, wie wir die Liebe bewahren und sogar ausdehnen können.

Jeder für sich ist eine eigenständige Persönlichkeit mit seiner eigenen Geschichte, seinen Vorlieben, Erfahrungen und Überzeugungen. Wenn wir verliebt sind, wollen wir so viel Zeit wie möglich miteinander verbringen. Später kann der Wunsch entstehen, sich wieder mehr den eigenen Interessen zu widmen. Das sollten die Partner gegenseitig fördern und unterstützen. Auch ist es durchaus ratsam, dass sich Männer untereinander austauschen, voneinander lernen, etwas gemeinsam unternehmen und Frauen ebenso. Eine gute Idee also, Männer- und Frauenkreise zu bilden.

Sobald ein Baby geboren wird, hat die Frau von Natur aus ihren Fokus stark auf den Nachwuchs gerichtet. Das Bindungshormon Oxytocin stärkt ihre Bindungsfähigkeit zum Kind. Ein genialer Schachzug der Natur, denn so wird die Fürsorge für das Kind gewährleistet und der Fortbestand der Menschheit garantiert.

Es kann allerdings vorkommen, dass sich der Mann von seiner Frau vernachlässigt fühlt und möglicherweise sogar eifersüchtig ist auf das Kind, was sich zumeist im Unterbewussten abspielt. Die Geschichte zeigt, dass Männer häufiger auf die Söhne eifersüchtig sind als auf die Töchter. Ich möchte dieses Tabuthema erwähnen, damit sich Paare solcher möglicher Entwicklungen bewusst sind. Durch das bewusste Erkennen der Gefühle kann Abhilfe geschaffen werden, indem beispielsweise darüber gesprochen oder die Hilfe von erfahrener Seite angenommen wird und dadurch, dass Frauen auch in dieser Lebensphase liebevoll und aufmerksam mit ihrem Partner umgehen.

Auch bei Müttern kann sich Eifersucht zeigen. Es ist durchaus möglich, dass Mütter eifersüchtig auf ihre Töchter sind, besonders, wenn diese langsam zu jungen Frauen heranwachsen, aufblühen und sich entfalten. Eine Ursache dafür mag in den unerfüllten oder geplatzten Träumen der Mütter liegen, einer nicht gelebten Lebendigkeit und Entfaltung oder der mangelnden Hoffnung, das Leben für sich noch verändern zu können.

Auch diese Gefühle lassen sich durch bewusstes Anschauen heilen. Zu allererst kommt das Annehmen dessen, was ist. Danach kann Veränderung geschehen. Mütter dürfen sich Zeit nehmen für das Erkennen ihrer eigenen Wünsche, um sie geduldig und mit Entschlossenheit zu realisieren anstatt Erwartungen auf ihre Kinder oder Männer zu projizieren. Ganz wichtig ist, dass wir alle das eigene Herz weit öffnen für jedes Familienmitglied, dass wir uns frei machen von Erwartungen, um Liebe wirklich fließen lassen zu können.

Zwei Dinge brauchen Kinder von ihren Eltern:
Wurzeln und Flügel.

Johann Wolfgang von Goethe

Eure Kinder sind nicht eure Kinder.
Es sind die Söhne und Töchter der Sehnsucht
des Lebens nach sich selbst.
Sie kommen durch euch, aber nicht von euch,
und obwohl sie mit euch sind,
gehören sie euch doch nicht ...
Ihr dürft ihnen eure Liebe geben,
aber nicht eure Gedanken.
Denn sie haben ihre eigenen Gedanken.
Ihr dürft ihren Körpern ein Haus geben,
aber nicht ihren Seelen,
Denn ihre Seelen wohnen im Haus von morgen,
das ihr nicht besuchen könnt,
nicht einmal in euren Träumen.
Ihr dürft euch bemühen, wie sie zu sein,
aber versucht nicht, sie euch ähnlich zu machen.
Denn das Leben läuft nicht rückwärts,
noch verweilt es beim Gestern.
Ihr seid die Bogen, von denen eure Kinder
als lebende Pfeile ausgeschickt werden ...

Khalil Gibran

Wir sind alle Gäste,
die von Gott für eine bestimmte Zeit
in diese Welt gestellt sind.
Nichts gehört uns hier,
alles ist uns auf Zeit anvertraut.
Auch die kleinen Gäste,
die jetzt viel Zuneigung und Schutz von uns brauchen,
sind uns nur für eine bestimmte Zeit anvertraut.
Wir müssen sie bald immer häufiger loslassen
und eines Tages ganz freigeben.

Rainer Haak

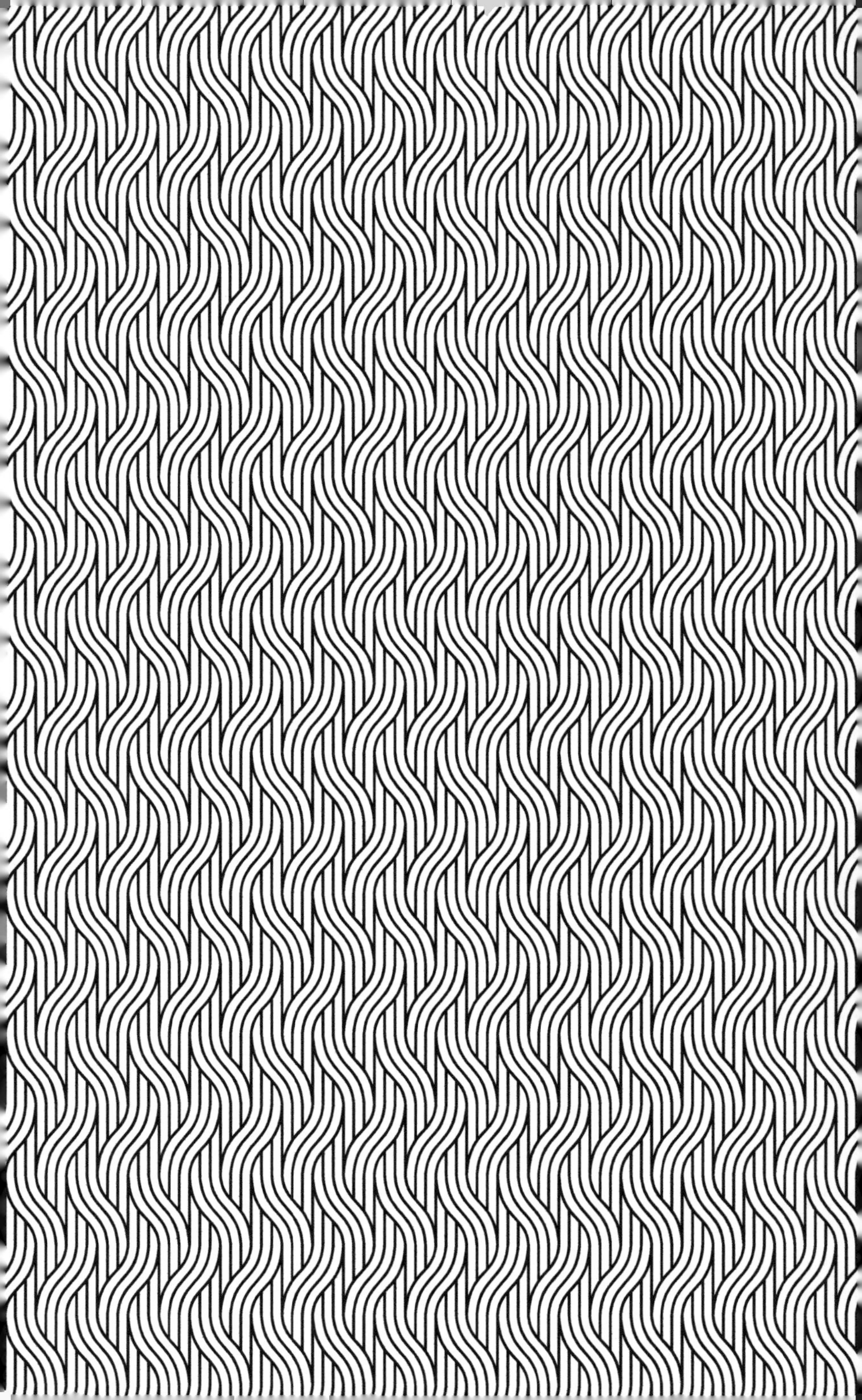

Kinder

Jeder Mensch ist ein Gedanke oder Funke Gottes und jedes Kind ein neuer göttlicher Strahl, der hier auf Erden leuchten möchte.

Kinder sind unsere Schutzbefohlenen und brauchen Zuwendung, Fürsorge, Pflege, Führung, Geduld, Zeit und Liebe. Sie sind nicht unser Eigentum und es geht auch nicht darum, dass sie die Wünsche und Erwartungen der Eltern erfüllen. Es geht darum, ihnen Schutz und Sicherheit zu bieten und sie liebevoll ins Leben zu begleiten. Sie bringen bereits Anlagen und Talente mit, die hier auf Erden gefördert, aber nicht erzwungen oder manipuliert werden sollten. Eltern sind aufgerufen, ihre Kinder vom Herzen her zu führen, zu verstehen, zu fördern und vor allem, sie zu lieben.

Die Geburt eines Kindes verändert viel im Leben der Eltern. Zeit und Tagesablauf bekommen eine neue Bedeutung, das Leben andere Inhalte und Wertigkeiten. Es ist eine Aufgabe, die viel von Eltern abverlangt. Eltern dienen für eine gewisse Zeit ihren Kindern, Eltern sind wie Gott und Göttin für ihre Kinder. Deswegen stellen sich Kinder ja sogar schützend vor ihre Eltern, selbst wenn diese ihnen Schlimmes angetan haben.

Die familiären Herausforderungen sind anderer Natur als im beruflichen Alltag. Im Berufsleben geht es in der Regel um ein schnelles Erkennen von Zusammenhängen und Prioritäten und deren zügiger Umsetzung. Und dabei geht es heute mehr denn je um Gewinnmaximierung und um DAS Gewinnen schlechthin. Vielen Menschen ist es wichtig, der/die Klügste, Beste, Schnellste, Trickreichste zu sein ... dieser Ansatz des Wettbewerbs gehört zum männlichen Weg. Mit Kindern sind die Inhalte jedoch so ganz anders: für sie braucht es viel Zeit, Geduld, Einfühlungsvermögen, Ehrlichkeit, liebevolle Konsequenz, Wiederholungen und ein Eingehen auf die individuellen Strukturen und Bedürfnisse. Es geht um Gesundheit, Gefühle, um ein spielerisches Lernen, um Gemeinsamkeit und ein langsames, aber stetiges Heranführen an die Eigenverantwortung im Leben.

Die Früchte der elterlichen Bemühungen lassen sich selten direkt und unmittelbar messen. Wir erleben sie in einem Kinderlachen, einem normalen Entwicklungsverlauf und einem harmonischen, vertrauens- und liebevollen Miteinander. Wir ernten die Früchte später, möglicherweise viel später, wenn unsere Kinder immer mehr ihre eigenen Entscheidungen klug und selbstbewusst treffen können und gesund an Körper, Geist und Psyche ein altersadäquates Leben zu führen in der Lage sind.

In den ersten Lebensjahren werden entscheidende Grundlagen für das ganze Leben gelegt. Als Wichtigstes wird in dieser Zeit geprägt: Urvertrauen, Vertrauen, Bindungsfähigkeit, Frieden in sich, Struktur, Liebe, Selbstvertrauen, Selbstwertgefühl, Ordnung, Lernfähigkeit und auch der Umgang mit Geld und Materie, um nur einiges zu benennen. Kinder lernen am meisten durch das Beispiel der Erwachsenen, das nonverbale Verhalten. Durch die Verlässlichkeit und Zuwendung der Eltern und allernächsten Bezugspersonen wird ein Grundstock an Vertrauen gebildet, eine unerlässliche Voraussetzung für das spätere Vertrauen in die Welt und in sich selbst. Menschen mit einem gesunden Urvertrauen meistern ihr Leben meist besser und leichter. Leider lässt sich ein Mangel an Urvertrauen später im Leben nur sehr schwer, wenn überhaupt, nachholen oder aufbauen. Daher mein persönliches Fazit an dieser Stelle: je mehr Zuwendung, Fürsorge, Annahme, Anerkennung und Sicherheit Sie Ihrem Kind in diesen ersten Jahren schenken, gepaart mit liebevoller Konsequenz, desto stabiler kann seine Entwicklung sein. Eine skandinavische Mutter formulierte es einmal so und ich schließe mich ihr voller Überzeugung an: »Rettet wenigstens die ersten 3 Jahre!« Soll heißen, dass in dieser Zeit möglichst die Eltern bzw. die Familie die bevorzugten Hauptbezugspersonen sind oder gut ausgewählte Menschen des eigenen Vertrauens mit entsprechender Kompetenz und Kontinuität.

Damit wir uns richtig verstehen: es geht mir weder um den Schritt zurück zu Kinder – Küche – Kirche (KKK) noch auf ein Hoch der Kleinfamilie. Es geht um eine bewusste Elternschaft, um liebevolle Beziehungen und um das Wohl der Kinder und einer ganzen Gesellschaft.

Was Kinder wirklich brauchen

physisch
gesunde Ernährung
regelmäßige Bewegung, auch und besonders an der frischen Luft
ausreichend Schlaf
Sauberkeit
Ordnung, Regeln
Raum

emotional
Liebe, Zuneigung, Zuwendung
Annahme und Anerkennung
Nähe, Wärme, Geborgenheit
Wertschätzung, Lob Aufmerksamkeit, Respekt
Harmonie, Geduld
konstruktive Auseinandersetzung

Zeit, auch unverplante Zeit

Anleitung, kindgerechte Ferien

Zärtlichkeit

Zuverlässigkeit

Gerechtigkeit

Gleichbehandlung von Geschwistern

liebevolle Konsequenz und Grenzen

Regelmäßigkeit und Rhythmus

Ordnung, auch Familienordnung

Freunde, Spiel und Spaß

geistig

geistige und spirituelle Anregung

Achtung vor Unter- und Überforderung

eigene Freiräume für Kreativität

Sprachen, Musik, Kunst ...

Diese Aufzählung ist wahrscheinlich nicht vollständig, möge aber ein Denkanstoß sein. Die Liste soll vor allen Dingen zur eigenen Reflexion anregen.

Natürlich brauchen Kinder Grenzen, ich nenne es liebevolle Konsequenzen, die umgesetzt werden wollen. Es braucht klare Anleitungen, altersadäquate Grenzen und eine konsequente Erziehung für die Orientierung der Jugend. Dabei geht es darum, die rechte Balance zu finden zwischen Zuwendung und Aufmerksamkeit, ohne Kinder zu »Pampern« oder sie in Watte zu packen. Die Wortherkunft »Eltern« kommt aus dem Indogermanischen und bedeutet nähren, wachsen machen. Eltern sind die »Älteren« mit einem Erziehungsauftrag. Das lässt sich weder auf die Schule noch auf sonstige Einrichtungen verlagern. Eltern sind auch nicht die Freunde ihrer Kinder, sondern die Erziehungsberechtigten. Sie sind Vater und

Mutter, nicht Freund oder Freundin, was eine ganz andere Beziehungsebene mit einer völlig anderen Verantwortung bedeutet bzw. darstellt.

Es tut mir weh zu sehen, welchem Druck Kinder heutzutage oft schon ausgesetzt sind. Mir scheint, Kinder werden aus dem Nest geschmissen, noch bevor das Nest richtig gebaut wurde. Das kann nicht gut gehen. Das Baby wächst neun Monate im Bauch der Mutter heran, in einer vollkommenen Symbiose mit ihr. Wenn es auf die Welt kommt, hat es zunächst noch eine offene Fontanelle, ist noch immer an das Universum angebunden, an sein Höheres Selbst, an das Große Ganze, seine Seelenfamilie oder wie immer Sie es bezeichnen wollen. Hier angekommen, braucht es für lange Zeit unseren Schutz, unsere Fürsorge, Geborgenheit, Nahrung, Wärme, Aufmerksamkeit und Hingabe, damit es sich gut entwickeln und Vertrauen in seine Umgebung – und damit in die Welt – entfalten kann. Die wichtigste Bindung in diesem Zusammenhang ist die Bindung zur Mutter und auch zum Vater. In der ersten Zeit verträgt es noch gar nicht zu viele Bezugspersonen. Der Grundstock für die Bindungsfähigkeit im Leben wird schon in der frühen Kindheit gelegt. Bemerkung am Rande: ich habe beobachtet, dass Kinder, die schon mit weniger als 14 Jahren auf ein Internat geschickt wurden, als Erwachsene meist Probleme mit und in Beziehungen hatten. Sie sind nach meiner Erfahrung oft bindungsunfähig. Das erkläre ich mir damit, dass in diesen Einrichtungen zwar der Verstand geschult und ausgebildet wird (worauf auch alle mächtig stolz sind), leider aber die Gefühlsebene häufig auf der Strecke bleibt. Durch den frühen Verlust der Nestwärme, ganz zu schweigen von den mittlerweile bekannten Verfehlungen an den Schutzbefohlenen, entstehen oftmals Traumata auf der emotionalen Ebene, deren Folgen ein ganzes Leben in problematischer Weise prägen können.

Kümmern wir uns mit Liebe und Wärme um die frühkindlichen Bedürfnisse, zahlt sich das doppelt aus. Einerseits lernen auch wir als Mutter und Vater durch die Liebe zu unserem Kind das zu entwickeln, was unsere Eltern uns oft nicht geben konnten, wie z.B. Vertrauen, Urvertrauen, Mitgefühl, Sicherheit, Geborgenheit, Selbstvertrauen, Liebe, Toleranz, Intuition, Inspiration etc. Andererseits stärken wir das Kind in den ersten Jahren durch unsere Zuwendung so sehr, dass es sich später im Leben auf allen Ebenen leichter tut.

Die beste Investition ins Leben oder die beste »Entwicklungshilfe« wäre, Mutter und Vater in ihrer Liebe zueinander und in ihrer Aufgabe als Eltern zu schulen und zu stärken. Hierbei spielen die Frauen jetzt und in Zukunft eine große Rolle, denn die Welt benötigt ihre Weisheit und weiblichen Qualitäten, um die Menschheit auf den Pfad der Einfühlsamkeit, Empathie, der Verbindung und des Miteinanders zu führen. Die positiven Effekte werden sich nicht nur in den persönlichen Beziehungen bemerkbar machen, sondern auch im Schulischen, in der Gesundheit und Bewusstheit der Menschen und damit für eindeutig mehr Eigenverantwortung und Lebensqualität der Menschen sorgen. Sogar unsere Volkswirtschaften könnten davon profitieren: durch ein freudvolles und geordnetes Familienleben wird eine heilsame Atmosphäre geschaffen, was eine deutlich verbesserte Gesundheit durch weniger Krankheitsfälle zur Folge hätte, wodurch sich die Krankheitskosten sicher spürbar senken ließen.

Geradezu paradox mutet es an, dass wir einerseits immer älter werden, eine höhere Lebenserwartung haben und daher im Durchschnitt wesentlich mehr Zeit auf dieser Erde verbringen als frühere Generationen. Andererseits hetzen wir Erwachsenen heute wie irre durchs Leben und scheinen unserem Nachwuchs nicht die Zeit zu lassen, sich in Ruhe und Geborgenheit entwickeln zu können. Damit berauben wir nicht nur unsere Kinder, sondern auch uns selbst, um wunderbare Erfahrungen.

Im Falle von Problemen mit Kindern – egal welchen Alters – halte ich es für äußerst hilfreich, immer auch das Umfeld, die Eltern und die häusliche Situation zu betrachten, wenn nicht sogar mit zu therapieren.

Schwangerschaft

Der Nährboden für ein Kind wird bereits in der Schwangerschaft gelegt, letztlich schon bei der Zeugung. Spüren wir doch selbst einmal, wie unterschiedlich wir empfinden bei der Vorstellung, ein Geschlechtsakt vollzieht sich in Freude, in vollem Bewusstsein und dem Wunsch nach einem Kind oder etwa gewaltsam, gefühllos oder auch ohne den Wunsch nach Nachwuchs.

Jeder Gedanke, jedes Gefühl des Paares erreicht das Kind, wie wir heute wissen. Und wie schön wäre es, wenn wir dieses Wissen nutzen würden, um das künftige Lebewesen schon im vorhinein in die Familie einzuladen, es willkommen zu heißen in unserer Mitte, um es dann auch physisch im Mutterschoß zu empfangen.

Es macht einen großen Unterschied, ob sich die Mutter in Sicherheit wiegen, entspannt, in Ruhe und voller Vertrauen das Heranwachsen des Kindes in ihrem Körper erleben kann oder ob sie in Hektik, Sorge, Nöten oder Überforderung, vielleicht sogar in Ablehnung ist. Jede Schwingung überträgt sich auf das Kind. Es ist bekannt, dass wir mit dem Fötus im Bauch sprechen können, dass es harmonische Musik liebt, dass es unsere Worte hört und wahrnimmt. Lasst uns doch entsprechend handeln!

Hierzu folgt eine wunderschöne Geschichte eines afrikanischen Stammes, die ich an dieser Stelle einfügen möchte, weil sie mir so gut gefällt. Vorher nur noch eine ganz praktische Anmerkung zu den Mobiltelefonen: sie geben Strahlungen ab, die in größerer Menge ganz besonders den Kleinsten und Kleinen schadet. Daher mein Vorschlag, Handys so oft wie möglich aus, auch beim Spaziergang mit dem Kind im Kinderwagen! Genießt lieber die Natur, sprecht mit Eurem Kind, seid in Kontakt mit ihm und tauscht Euch mit anderen Eltern aus.

Das Lied deiner Seele

»Es heißt, es gibt einen Stamm in Afrika, bei dem das Geburtsdatum des Kindes nicht der Tag ist, an dem es geboren wird, auch nicht der Tag, an dem es empfangen wurde, sondern der Tag, an dem das Kind erstmals als Gedanke im Kopf seiner Mutter erschien.

Und wenn eine Frau beschließt, dass sie das Kind empfangen wird, geht sie aus dem Dorf hinaus und setzt sich unter einen Baum, und sie lauscht in sich hinein, bis sie das Lied des Kindes hören kann, das durch sie geboren werden will.

Und nachdem sie das Lied des Kindes gehört hat, kehrt sie zurück zu ihrem Mann, welcher der Vater des Kindes sein wird, und lehrt auch ihn das Lied. Wenn sie sich dann lieben, um das Kind körperlich zu empfangen, dann singen sie gemeinsam das Lied des Kindes, als eine Einladung.

Wenn die Mutter schwanger ist, lehrt sie auch die Hebammen und die alten Frauen des Dorfes das Lied zu singen, so dass die Menschen um sie herum während der Geburt das Lied des Kindes singen können, um es zu begrüßen. Und wenn das Kind dann aufwächst, haben auch die anderen Dorfbewohner sein Lied gelernt.

Wenn das Kind fällt und seine Knie schmerzen, schließt es jemand in die Arme und singt sein Lied dazu. Wann immer das Kind etwas Wunderbares tut, wenn es durch die Riten der Pubertät geht, wenn es heiratet – auch dann singen die Menschen des Dorfes sein Lied, um seine Seele zu ehren.

In diesem afrikanischen Stamm gibt es noch eine weitere Gelegenheit, zu der die Dorfbewohner für das Kind singen: wenn diese Person zu irgendeinem Zeitpunkt im Leben ein Verbrechen begeht, wird sie in das Zentrum des Dorfes gerufen und die Menschen seiner Gemeinschaft bilden einen Kreis um sie herum. Dann singen sie behutsam das Lied für diese Person. Der Stamm fühlt, dass sein Verhalten nicht nach Bestrafung ruft, sondern nach Liebe und nach Erinnerung an die wahre Identität seiner Seele. Ein Freund, so sagen sie, ist jemand, der das Lied deiner Seele singt, wenn du es selbst vergessen hast.

Auf diese Weise geht das Kind durch sein Leben. In der Ehe singen die Partner ihre Lieder füreinander – und sie singen sie gemeinsam. Schließlich, wenn unser Kind eines Tages auf dem Sterbebett liegt, bereit, diese Welt zu verlassen, dann kommen die Dorfbewohner zusammen und sie singen – ein letztes Mal – das Lied für diese Person.«

Frei nach Alan Cohen, aus dem Buch »Wisdom of the Heart«

Nomen est Omen

Zum Namen des Kindes: wir sollten den Namen des Kindes achten und das Kind bei seinem richtigen Namen rufen. Jeder Name hat eine Qualität, eine Schwingung und eine Bedeutung. Wenn wir Abkürzungen, Verniedlichungsformen oder gar einen anderen Namen benutzen, verändern wir seine Bedeutung.

Auch die Erwachsenen sollten sich untereinander mit ihrem richtigen Vornamen ansprechen. Wer sich gegenseitig mit »Vater/Mutter« oder etwa mit »Oma/Opa« anspricht, der wird auf Dauer zum Vater, zum Opa, zur Mutter oder Oma des Partners bzw. der Partnerin. Wollen wir das oder wollen wir eine Partnerschaft?

Geburt

Wenn irgend möglich, ist eine natürliche Geburt immer vorzuziehen. Ein Kaiserschnitt ist eine wunderbare Chance, wenn die Umstände es zwingend erfordern, doch er sollte nicht der Normalfall sein. Der Weg durch den Geburtskanal ist eine wichtige Erfahrung für Mutter und Kind. Es ist der erste Kampf des Neugeborenen in diesem Leben, es kämpft sich sozusagen regelrecht durch das »Bottleneck« auf die Welt. Dieser Kraftakt lässt das Baby besser auf Erden ankommen und schenkt ihm eine stärkere Durchsetzungskraft für die Herausforderungen im Leben. Die normale Geburt gibt dem Kind mehr Erdung.

Sollte jedoch ein Kaiserschnitt unabwendbar sein, gibt es Anwendungen, die eine Kaiserschnittgeburt ausgleichen können. So z.B. die »Metamorphische Methode«, eine sanfte Massage an den Reflexpunkten der Fußwirbelsäule, den Händen und der Scheitellinie, die sowohl auf der physischen, emotionalen und embryonalen Ebene wirkt und schon bei Babys angewandt werden kann und auch so früh wie möglich angewendet werden sollte.

Ebenso möchte ich eine Lanze brechen für das Stillen. Ich will das an dieser Stelle nur noch unterstreichen, aber nicht im einzelnen vertiefen, denn das Wissen um den Vorteil und Nutzen des Stillens hat sich in den letzten Jahren sehr verbreitet. Allgemein gesicherte Erkenntnis ist, dass das Neugeborene über die Muttermilch einen großen Gesundheitsschutz erhält und sein Immunsystem, das ja erst gebildet werden muss, enorm unterstützt wird. Zum Glück werden Mütter heute in dieser Hinsicht gut aufgeklärt und erhalten entsprechende Hilfe, denke ich.

Zeit und Inhalte

Nachtschicht

Ein Baby braucht Zeit, um sich an dieses Leben, die Dreidimensionalität, seine Umgebung, den Erdenrhythmus etc. zu gewöhnen. Alle Eltern kennen die Herausforderung durchwachter Nächte und das eigene Schlafdefizit bis ein Baby einmal konstant durchschläft. In dieser Zeit ist es ratsam, wenn Mutter und Vater sich in den Nächten abwechseln. Es bringt rein gar nichts, wenn beide Eltern unter Schlafmangel leiden. Allerdings sollte derjenige, der am nächsten Tag früh zur Arbeit muss, Vorrang bei der Nachtruhe haben.

Freie Zeit

Räumen Sie sich gegenseitig die Möglichkeit ein, auch einmal ein paar Stunden ohne Partner und Kind verbringen zu können, ganz ohne schlechtes Gewissen! Eine Zeit für Freunde, Sport, ein Hobby oder was immer Ihnen wichtig ist.

Elternpause

Hilfreich und beziehungsfördernd ist eine gemeinsame Auszeit der Eltern: je nach Möglichkeiten z.B. ein paar Stunden, ein Wochenende ... Vielleicht können vertraute Menschen als Babysitter die Kinder betreuen, damit die Eltern mal wieder eine Zeit zu zweit verbringen können.

Unternehmungen
Unabhängig von der gemeinsam verbrachten Freizeit empfehlen sich Ausflüge wie Vater-Sohn/Söhne oder Mutter-Tochter/Töchter bzw. Vater-Tochter/Töchter – Mutter Sohn/Söhne.

Qualität
Es ist wichtig, dass Sie sich Zeit für die Kinder nehmen, in der Sie wirklich mit ihnen sind und ihnen diese Zeit auch ganz widmen. Wenn es auf Reisen oder in ein Restaurant geht, so sind Malutensilien, Bücher oder anderes kreatives Material eine wichtige Hilfe gegen Quängelei, Unruhe oder Langeweile. Der digitale Medienkonsum sollte alters- und entwicklungsgerecht dosiert und nicht zum Ruhigstellen der Kinder genutzt werden.

Raum
Kinder brauchen ihren Rückzugsraum. Auch sollten sie im eigenen Bett schlafen. Das Schlafen bei den Eltern im Bett ist verständlich, wenn das Baby zahnt, wenn Kinder krank sind oder aus irgendwelchen Gründen einmal Angst haben. Ansonsten gehört das Elternschlafzimmer den Eltern und den Kindern das/die Kinderzimmer. Im Schulalter gehört ein ordentlicher und ruhiger Arbeitsplatz zur Ausstattung. Es braucht keinen Fernseher im Kinderzimmer.

Jungen und Mädchen sind verschieden

Gleichmacherei ist nicht wünschenswert und wäre fatal, denn sie dient keinem. Wie dankbar bin ich dafür, dass ich eine Tochter und einen Sohn erleben durfte. So konnte ich meine eigenen Erfahrungen und Beobachtungen dazu machen, wie unterschiedlich doch beide Geschlechter in ihrem Wesen und Verhalten von Natur aus sind und wie sich ihre Verhaltensweisen von klein auf schon unterscheiden.

Geschwisterliebe

Unter Geschwistern kommen alle Arten von Gefühlen vor, positive sowie negative. In der Familie üben wir für die Welt da draußen. Eltern haben auch in diesem Punkt eine Schlüsselfunktion, nämlich die Liebe der Kinder zueinander zu fördern. Das gelingt, indem die Geschwister im großen und ganzen gleich behandelt, nicht verglichen oder etwa gegeneinander ausgespielt werden. Geschwister können sehr unterschiedlich sein, doch Aufmerksamkeit brauchen sie alle.

Wenn das erstgeborene Kind ein Geschwisterchen bekommt, können früher oder später Gefühle wie Neid, Eifersucht, Futterneid hochkommen. Das wird die »Entthronisierung« des/der Erstgeborenen genannt. Ganz verständlich, wenn man bedenkt, dass dem/der Ersten bislang die ungeteilte Aufmerksamkeit der Eltern zuteil geworden ist. Und nun braucht das Neugeborene auf einmal viel Zeit der Eltern, die für das erste Kind nicht mehr zur Verfügung steht. Dann ist es gut, wenn jemand die Familie unterstützt, damit auch Zeit für das erste Kind da ist.

Die Gläser können sicherlich nicht immer gleich voll sein (metaphorisch gesprochen), doch mit ein wenig Achtsamkeit und liebevoller Absicht lässt sich ein zu großes Ungleichgewicht vermeiden. Pflichten beispielsweise können altersgemäß und ausgewogen verteilt werden. Bei den finanziellen Zuwendungen wie beim Taschengeld etc. lässt sich leicht die gerechte Balance finden. Es ist förderlich, wenn hier offen miteinander umgegangen wird und Transparenz stattfindet.

Der Ansatz von Ehrlichkeit, Offenheit und Gleichwertigkeit ist die beste Voraussetzung dafür, dass die Geschwisterliebe gedeihen kann.

Außerdem wird die Einhaltung der Familienordnung wie im nächsten Punkt beschrieben, die Harmonie unter den Geschwistern fördern.

[Buchempfehlung: »Brüder und Schwestern.
Geburtenfolge als Schicksal«, Karl König]

Familienordnung

Kosmos heißt »Ordnung«. Überall in der Natur herrscht eine ganz bestimmte Ordnung. Und so ist es gut zu wissen, dass es auch innerhalb einer Familie eine Ordnung gibt, die naturgemäß vorgegeben ist und zwar durch die Geburtenreihenfolge der Kinder. Wenn der Mensch sie einhält, gibt es weniger Kummer und Leid, ja sogar weniger Krankheit und Aggression.

Im Patriarchat war die familiäre Ordnung bestimmt durch den Gedanken, dass der Mann als Ernährer und Haushaltsvorstand DER HERR im Hause war, Frau und Kinder waren untergeordnet.

Nach den Weltkriegen und durch die weibliche Emanzipationsgeschichte der letzten Jahrzehnte ist in unserer Hemisphäre eine neue Werteskala entstanden: das Paar versteht sich als Team mit dem gleichen Stellenwert von Mann und Frau.

Im Alltag sollte sich diese natürliche Ordnung auch durch die Sitzordnung manifestieren, z.B. beim Essen, bei Besprechungen, Zusammenkünften jeglicher Art. Bei Tisch sitzt die Frau an der linken Seite, der Herzensseite des Mannes, gefolgt von den Kindern, die in der Reihenfolge ihres Alters platziert sind. D.h. der/die Älteste zuerst, danach folgt immer das nächst jüngere Geschwisterkind. Im Auto sitzen die Eltern vorne, die Kinder hinten, auch hier in besagter Altersreihenfolge.

Halten wir diese Ordnung ein, muss niemand mehr um »seinen/ihren« Platz im Hause rangeln oder streiten. Die Verhältnisse sind klar und nach innen und außen transparent.
Machen Sie die Probe aufs Exempel, wie eine Freundin von mir. Sie hat drei Söhne und stellte die Sitzordnung am Tisch und im Auto entsprechend dieser Ordnung um. Ihre Erfahrung war, dass danach viel mehr Frieden in der Familie herrschte, gerade unter den Jungs.

Was das Verhältnis zu den Herkunftsfamilien betrifft, gilt die Regelung, dass die Herkunftsfamilien zurücktreten in die 2. Reihe. Die neue Familie steht an 1. Stelle, bei allem Respekt, aller Achtung und Wertschätzung für die Älteren. Diese Ordnung negiert in keiner Weise die wertvolle Präsenz und Leistung noch die unschätzbare Unterstützung der Großeltern in der Familie bzw. in einer Gesellschaft.

Familienordnung = Rangordnung, ähnlich wie in einer Firma oder einer Fußballmannschaft. Wo die Verhältnisse klar und geordnet sind, gibt es weniger Reibungsverluste oder Streitereien.

Schule / Schulweg

Das Kind sollte auf eine Schule gehen, auf der es weder über- noch unterfordert ist. Aufgrund einer Vielzahl von Angeboten und Möglichkeiten, zumindest in den Städten, sollte es möglich sein, eine Schule nach den Begabungen der Kinder auszusuchen. Es ist schön, wenn die Kleinen den Schulweg zur Grundschule nach einer kurzen Einführungszeit schon bald selbstständig zu Fuß zurücklegen können. Das fördert die Eigenständigkeit und auch den Kontakt zu Mitschülern und Freunden. Außerdem ist die Bewegung gesund und fördert das Lernen. Darüber hinaus haben sich die Kinder nach der Schule schon ein wenig abreagiert und kommen ausgeglichener zu Hause an. Wenn irgend möglich, ist es in jedem Alter von Vorteil, wenn die Schule ohne Elterntaxi erreichbar ist.

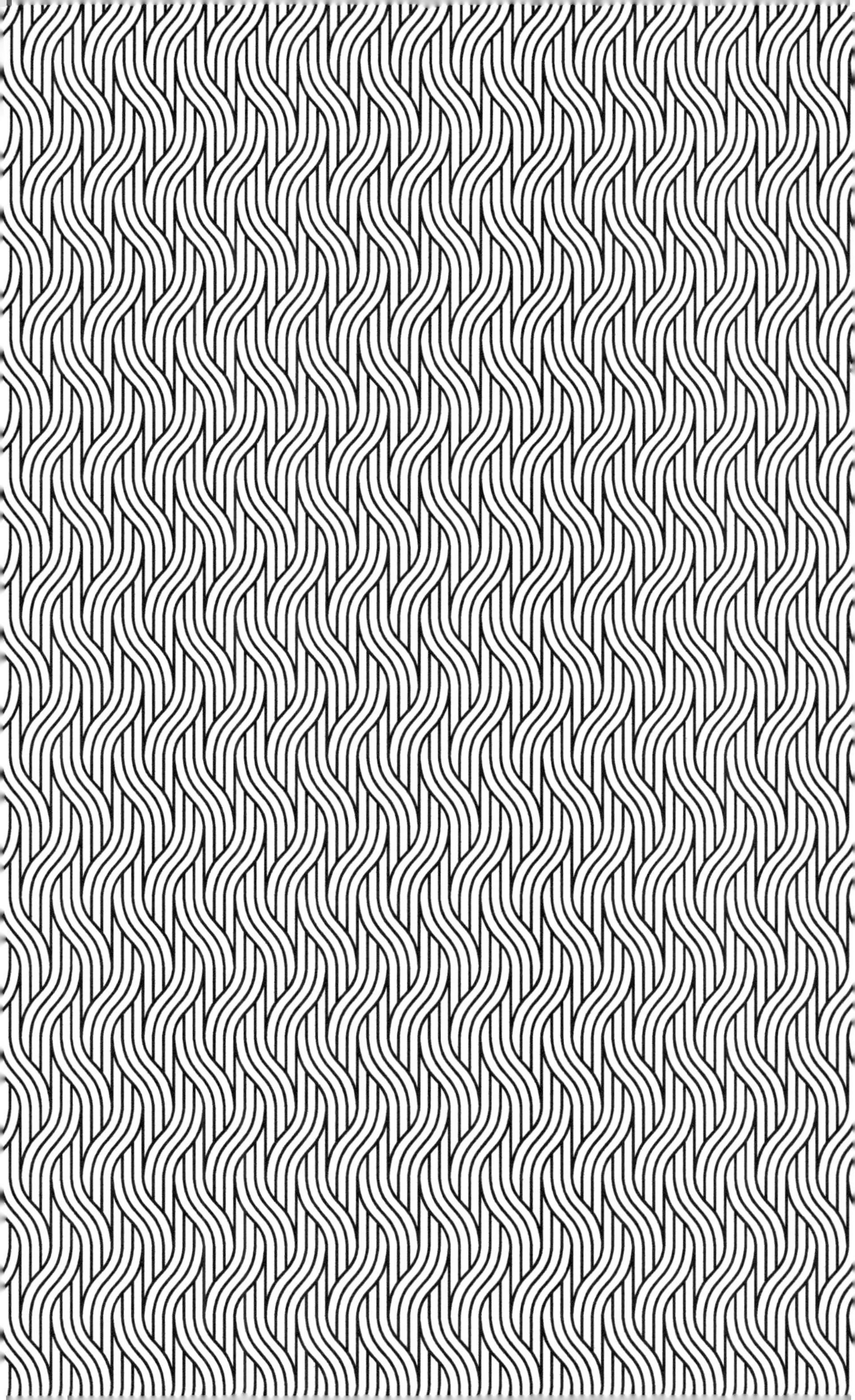

Grundlagen einer gesunden Ernährung

Du bist, was du isst

Gesundheit fängt beim Einkauf an. Unabhängig von jeglichem Ernährungsdogma möchte ich an dieser Stelle ein paar Grundlagen zu einem gesunden Einkauf und einer gesundheitsfördernden Ernährung erwähnen. Es gilt: so natürlich wie möglich also biologisch, aus der Region, saisonal, wenig Zucker und Weißmehl, ohne künstliche Aromen und Farbstoffe.

Einkaufsliste

vermeiden	zu ersetzen durch/zu empfehlen
Kaffee, schwarzer Tee	Kräutertee
Nikotin	//
starke alkoholische Getränke	Wein od. Bier in Maßen
Zucker, synthetische Zucker-austauschstoffe	Honig, Ahornsirup, Apfel- oder Birnendicksaft, Kokosblütenzucker,
alle zuckerhaltigen Lebensmittel u. Getränke	Agavendicksaft (alles in Maßen)
Kochsalz	Gemüsebrühe (Fertigbrühen ohne geh. Fette) mit hohem Anteil an Gemüse; Kräuter, Meersalz, Biomaris, Bio-Tamari, Shoyu

Weißmehl u. Weißmehlprodukte _________ Vollkornmehl u. Vollkornprodukte,

Knäckebrot

Wenig Brot u. Backwaren _____________ Brot ohne Zucker

Künstliche Konservierungs-, Farb- ______ zum Binden: Biobin, Guakernmehl, Pektin,

und Aromastoffe, künstliche Bindemittel Agar-Agar

Erhitzte tierische u. pflanzliche Fette _____ Pflanzenöle 1. Pressung wie Oliven-,

Gehärtete Fette, Bratfette Leinöl, Weizenkeim- u. Sonnenblumenöl –

(Empfehlung: überwiegend kalt gepr., zum Anbraten: Traubenkernöl

schonend dünsten)

Kakao, Schokolade __________________ Carob, etwas Bitterschokolade

Vorsicht bei Kuhmilch ________________ alle Arten von Pflanzenmilch, z.B. Mandel-,

(schleimbildend, hoher Kaseingehalt, Dinkel, Soja-, Cashew-, Kokosmilch...

im Alter schlecht zu verstoffwechseln)

Stoffwechselschädigende Medikamente_ //

Selten tierisches Eiweiß wie Fleisch, _____ pflanzliche Eiweißquellen wie:

Wurst, Eier Amaranth, Quinoa, Hafer, Hirse, Gerste,

Dinkel, Buchweizen, Polenta, Vollkorn-

Langkornreis, Hülsenfrüchte

<u>allgemein empfehlenswert:</u>

Obst u. Gemüse aus biologischem

Anbau

frische Gemüse- und Obstsäfte

milchsauer vergorenes Gemüse

Vollkornnudeln

Obst- u. Weinessig

Nüsse, Mandeln, Sesam ungeschält,

Kürbiskerne u. deren Pflanzenmilch

Kräuter, Keimlinge, Kapern, Oliven,

Ingwer, Avocados, Knoblauch, Zwiebeln,

Naturkäse, Meerrettich

Da der Mensch von heute mehr am Schreibtisch sitzt als körperlich zu arbeiten, sollte die Ernährung entsprechend darauf eingestellt sein. Daher plädiere ich für eine vitalstoffreiche, überwiegend vegetarische oder vegane Vollwertkost, möglichst frisch zubereitet und aus biologischem Anbau.

Frisch gepresste Obst- und Gemüsesäfte, Smoothies und Kräuterfrischpflanzengetränke sind eine wunderbare Quelle für Vitamine, Mineralstoffe & Co. Solche Säfte sind flüssige Nahrung und steigern das Immunsystem und die Leistungskraft.

Wir brauchen Gehirnnahrung und wertvolle Nährstoffe wie Vollkornbrot, Hafer, Hirse, Amaranth, Vollkornreis, Sesam, Nüsse, Mandeln, Nuss-, Sesam- und Mandelmilch, Nuss-, Sesam- und Mandelmus, Kürbiskerne, Hülsenfrüchte, Kräuter und Wildkräuter, alle Arten von Obst und Gemüse (möglichst vielfältig und abwechslungsreich), Avocados, Knoblauch, Zwiebeln, Meerrettich, Salate, Honig, wertvolle Öle etc. – um hier nur einiges zu nennen.

Weitere Tipps für eine gesunde Küche: Abwechslung, Vielseitigkeit, Saisonales, Farbkomposition z.B. bei der Gemüseauswahl beachten und zuckerhaltige und denaturierte Nahrungsmittel meiden. Es gilt: Frische und Qualität vor Quantität.

Eine alte Binsenweisheit sagt, »Iss morgens wie ein Kaiser, mittags wie ein Edelmann und abends wie ein Bettelmann«! Da ist doch etwas dran ...

Bei den Mahlzeiten ist Regelmäßigkeit und Ordnung gefragt, denn unsere Organe arbeiten in einem präzisen Rhythmus, der angelehnt ist an einen normalen Schlaf- und Wachrhythmus bzw. an den Tagesrhythmus. Das bedeutet, dass wir bis 9 Uhr unser Frühstück eingenommen haben sollten, zwischen 12 und 14 Uhr das Mittagessen und bis etwa 19 Uhr unser Abendessen. Hat ein Mensch z.B. aufgrund von Schichtdienst einen anderen Lebensrhythmus, so empfiehlt sich auch hier Regelmäßigkeit, denn der Körper stellt sich darauf ein. Er wird dann immer um die gleiche Zeit auf Nahrung warten, Enzyme und Magensäure etc. bilden, damit das Essen verdaut werden kann. Das Schlechteste für unseren Organismus ist Unregelmäßigkeit und ein ständiges Hin und Her.

Das gilt auch für einen gesunden Schlaf. Auch diesen bereiten wir schon im Verlauf des Nachmittags und Abends durch entsprechendes Verhalten vor.

Mahlzeiten sollten in Ruhe und im Sitzen eingenommen werden. Es wäre sehr schön, wenn die Familie wenigstens einmal am Tag zusammen und in aller Ruhe essen könnte. Ich habe die Erfahrung gemacht, dass Kinder besonders beim Mittag- oder Abendessen nach Kindergarten oder Schule sehr mitteilsam sind und ganz viel von ihren Erlebnissen und Erfahrungen des Tages erzählen und mitteilen wollen. Diese Stunden und geteilten Momente möchte ich um keinen Preis missen. Wir machen das heute noch so mit unseren erwachsenen Kindern. Wenn sie kommen, nehmen wir uns Zeit und hören mit Interesse, was ihnen wichtig ist und womit sie sich gerade beschäftigen.

An dieser Stelle möchte ich erwähnen, dass ich mit diesem Buch nur einen elementaren Überblick über einen gesunden Ernährungsstil vermitteln möchte. Wer tiefer in dieses Thema einsteigen will, findet hierzu eine Vielzahl an Büchern und Ratgebern.

So manche Krankheiten lassen sich mit einer entsprechenden Ernährung, heilsamen Kräutern und speziellen Nährstoffen mindestens positiv beeinflussen, wenn nicht sogar heilen. In diesem Zusammenhang gilt vielen Menschen mittlerweile eine vielseitige vegane Ernährung als wegweisende Option aus gesundheitlichen, ökologischen, moralischen und ethischen Gründen. Eine entsprechende Umstellung ist gar nicht so schwer, wie man glaubt. Es gibt inzwischen hervorragende und köstliche Alternativen zu vielem, auch zu Milchprodukten. Und wer gesundheitliche Verbesserungen erfährt, möchte kaum mehr zum alten Ernährungsschema zurückkehren.

[Buchempfehlung: »Vegan Gesund«
Raphael Lüthy/Dr. Ernst Walter Henrich]

Kleine Kräuter- und Pflanzenkunde

Acerola	abwehrsteigernd, hat viel Vitamin C
Artischocke	senkt den Cholesterinspiegel, fördert die Leberentgiftung, regt den Gallenfluss an
Bärlauch	blutreinigend, abwehrsteigernd, durchblutungsfördernd
Badrian	beruhigend, schlaffördernd
Birke	bei Blasen- und Harnwegserkrankungen, bei rheumatischen Beschwerden, wirkt reinigend Birkenshampoo gegen Schuppen
Bohne	harntreibend, entwässernd
Brennnesel	entschlackend, blutreinigend, enthält viel Eisen
Brunnenkresse	Anregung des Stoffwechsels
Hafer	Stärkung und Kräftigung auch für die Nerven
Johanniskraut	nervenstärkend
Kamille	krampflösend, gegen Entzündungen, Magenverstimmung
Knoblauch	antibiotisch, durchblutungsfördernd
Löwenzahn	kräftigt Leber und Galle
Melisse	bei nervösem Magen, wirkt gemütsaufhellend
Mistel	bei Arteriosklerose, reinigend, ausleitend, auch bei Krebs
Petersilie	durchspült die Harnwege
Petersilie + Saft von grüner Paprika	fördert die Hormonbildung
Rosmarin	anregend

Salbei	gegen Entzündungen und Halsschmerzen, hemmt Schweiß
Schafgarbe	bei Magen- und Darmkrämpfen
Spitzwegerich	bei Husten, für Hals und Rachen, wirkt sehr vielseitig
Thymian	schleimlösend, bei Husten u. Erkältung
Weißdorn	stärkt das Herz
Wermut	verdauungsfördernd, bei Magen- und Darmbeschwerden, Völlegefühl
Zinnkraut	harntreibend, gegen Entzündungen der Harnwege
Zwiebel	gegen Gefäßverengung

Pflanzen mit antibiotischer Wirkung

Knoblauch, Knoblauchsaft, Bärlauch, Zwiebeln, Meerrettich, Rettich, Lauch, Blauschimmelkäse

Lebensmittel zur Verbesserung der Zellatmung

Grüne Frischpflanzengetränke, Sauermilchprodukte, Knoblauch, Zwiebeln, Pflanzenöle 1. Pressung, Rote Bete Saft, milchsaures Gemüse u. Gemüsesäfte, Vitamine A, C, E

Kräuter-ABC für Ihre Gesundheit

Appetitanregung	Basilikum, Bohnenkraut, Dill, Estragon, Kalmus,
Allgemeine Kräftigung	Lorbeerblätter, Rosmarin, Schafgarbe, Tausendgüldenkraut, Wegwarte, Wermut
Arterienverkalkung	Knoblauch, Weißdorn
Augenstärkung	Augentrost, Heidelbeere
Blähungen	Angelikawurzel, Anis, Fenchel, Kalmus, Kamille, Koriander, Kümmel, Majoran, Pfefferminze, Thymian
Blutreinigend/Hautunreinheiten	Birkenblätter, Bockshornsamen, Brennessel, Brunnenkresse, Frauenmantel, Goldrute, Löwenzahn, Walnußblätter
Bronchialkatarrh/Verschleimung	Anis, Eibisch, Fenchel, Isländisches Moos, Salbei, Kastanienblätter, Spitzwegerich, Süßholz, Thymian, Taubnesselblüten, Ysop
Darmträgheit	Flohsamen, Leinsamen, Schlehenblüten, Weizenkleie
Darmverstimmung	Eichenrinde, Fenchel, Heidelbeeren, Odermennig
Durchfall	Salbei, Spitzwegerich, Süßholz
Entwässerung	Basilikum, Birkenblätter, Bohnenschalen, Brennnessel, Brunnenkresse, Dill, Goldrute, Liebstöckel, Mate, Löwenzahn, Ringelblumen, Schlehenblüten, Wacholderbeeren

Erkältung	Echinacea, Eucalyptus, Hagebutten, Holunderblüten, Lindenblüten, Spitzwegerich, Salbei, Thymian
Frauenbeschwerden	Eisenkraut, Frauenmantel, Gänsefingerkraut, Herzgespann, Hirtentäschel, Römische Kamille, Melisse
Gallenstörung	Artischocke, Kümmel, Löwenzahn, Mariendistelfrucht
Gallenbildung	Odermennig, Pfefferminze, Wermut
Harnwegdesinfektion	Bärentraubenblätter, Preiselbeerblätter
Herz- und Kreislauf	Herzgespann, Lavendel, Rosmarin, Weißdorn
Husten/Heiserkeit	Anis, Eibischwurzel, Fenchel, Huflattich, Isändisch Moos, Quendel, Süßholz, Thymian
Leber	Artischockenblätter, Löwenzahn, Mariendistelfrüchte, Schafgarbe
Magenverstimmung	Angelikawurzel, Baldrian, Eibischwurzel, Fenchel, Gänsefingerkraut, Isländ. Moos, Kamille, Koriander, Kümmel, Majoran, Melisse, Odermennig, Quendel, Pfefferminze, Salbei, Schafgarbe, Süßholz, Wermut
Nervenstärkung	Baldrian, Hopfen, Johanniskraut, Lavendel, Melisse, Passionsblume, Pomeranzenblüten, Rosmarin

Nieren- und Blasenförderung	Bärentraubenblätter, Birkenblätter, Goldrute, Kürbiskerne, Wacholderbeeren, Zinnkraut
Rheuma	Angelikawurzel, Brennessel, Johanniskraut, Teufelskralle
Einschlaffördernd	Baldrian, Hopfen, Melisse, Passionsblume, Pomeranzen-blüten, Waldmeister
Schweißtreibend	Holunderblüten, Lindenblüten
Verletzungen / Wundbehandlung / Zerrung /Verrenkung	Kamille, Johanniskraut, Arnika, Ringelblume, frische Blätter vom Spitzwegerich (äußerlich)

Tiere würden Bio kaufen

Beobachtungen bei Meerschweinchen, Kaninchen und Tests bei Ratten haben gezeigt, dass sich die Tiere für Obst und Gemüse aus biologischem Anbau entscheiden, wenn sie die Wahl haben. Was macht den Unterschied aus, den die Tiere instinktiv spüren?

- Niedrigere Nitratwerte
- Pestizidgehalt ist niedriger
- Besserer Geschmack
- Mehr Lebende Makromoleküle = LM = Biophotonen = Lichtnahrung
- Verbesserte Schwingung – Ausstrahlung, da anders behandelt
- Mehr Vitalstoffe, d. h. Vitamine, Mineralstoffe, Spurenelemente ...

Mit »Biophotonen« werden Licht-Teilchen und -Muster bezeichnet, die bei allen lebenden Organismen vorkommen, nur unterschiedlich ausgeprägt, genannt Lebende Makromoleküle. Sie wurden in den 70er Jahren von dem Biophysiker Prof. Fritz A. Popp erstmals entdeckt bzw. gemessen. Er fand heraus, dass alle Pflanzen, Tiere und Menschen eine ultraschwache Zellstrahlung, oder anders ausgedrückt, Licht in den Zellen besitzen oder aus ihnen abgeben, erzeugt von Molekülverbänden zwischen 1000 und mehreren Millionen Atomen Umfang. Popp konnte eindrucksvoll belegen, dass gesunde, biologisch erzeugte Lebensmittel eine deutlich höhere Biophotonen-Strahlung aufweisen und beispielsweise Eier von Freilandhühnern über eine wesentlich höhere Lichtstrahlung und damit Lichtspeicherkapazität verfügen als Eier von Batterie-Hühnern.

Mit Hilfe der Biophotonen Messung von Prof. Popp kam man z.B. zu dem Ergebnis, dass Wildpflanzen 10mal so viel LM

(pro Raumeinheit) enthalten wie chemisch gedüngte Kultur-
pflanzen. Wildpflanzen enthalten auch noch 2mal so viel LM
wie biologisch gezogenes Obst und Gemüse.

[Anmerkung: Dr. Bircher-Benner prägte einst den Begriff
»Lichtnahrung«]

Ein Lebensmittel kann nur so gut sein wie der Boden, auf dem
es wächst. Darüber hinaus sind natürlich Kriterien wie Frische,
Behandlung und Lagerung sehr entscheidend.

Intensivlandwirtschaft und Überdüngung der Böden haben
dazu geführt, dass sich heute in Obst und Gemüse zum Teil
wesentlich weniger Vitalstoffe befinden als noch zu Großvaters
Zeiten. Auch der saure Regen hat seinen Anteil daran, denn er
setzt Aluminium frei, das mit dem Magnesiumgehalt der Pflanze konkurriert. Die Folge: die Pflanze zieht das Aluminium dem
Magnesium vor, so dass der Magnesiumgehalt der Pflanzen um
durchschnittlich 18% reduziert ist. Es fehlen vor allem Magnesium, Selen und Zink. Saurer Regen enthält Schwefel, der im
Boden Selen für die Pflanzen unverfügbar macht. Die Pflanze
kann die Verbindung nicht mehr aufnehmen, Selenmangel ist
die Folge.

Rhythmus

Alles im Leben unterliegt einem Rhythmus. In der Natur können wir das besonders gut sehen. Der Mensch hat sich in der ganzen Welt, vor allem auf dem Land, am Rhythmus der Natur orientiert und sich ihm angepasst. Der moderne Mensch läuft Gefahr, einen gesunden Rhythmus aus dem Auge zu verlieren wie z. B. Tag- und Nachtzeit, Essens- und Ruhezeiten, Schlaf- und Wachrhythmus, Zeiten der An- und Entspannung etc ...

Auch unsere Körperorgane unterliegen einem bestimmten Rhythmus, Organuhr genannt. Die menschlichen Organe arbeiten in einer festen Reihenfolge – aufeinander folgend im 2-Stunden-Rhythmus – jeweils in einer Hochphase, gefolgt von einer Tief- bzw. Ruhephase .

[s. Abb., Seite 84]

Die Natur wiederum wird bestimmt vom Mondrhythmus, der sich beim Menschen im weiblichen Zyklus widerspiegelt. Darum sollten gerade Frauen dieses alte Wissen für sich und ihre Familien nutzen. Die Qualitäten der Mondphasen sind sehr unterschiedlich. Dem industriell geprägten Menschen ist dieser Bezug mit der Zeit verloren gegangen. Für ein gesundes Leben jedoch ist es sehr heilsam, sich wieder mehr daran zu orientieren und sich der Weisheit seines Wirkens zu öffnen.

Für unsere Gesundheit ein paar grobe Anhaltspunkte:
Abnehmender Mond / von Vollmond bis Neumond
günstig für Reinigung, Entgiftung, Entschlacken, Abnehmen, Operationen (u.a. weniger Gefahr von Nachblutungen und Narbenbildung). Der abnehmende Mond entgiftet und spült aus, schwitzt und atmet aus, fordert zu Einsatz und Energieverausgabung auf ➝ je näher an Neumond, desto stärker.

Zunehmender Mond / nach Neumond bis Vollmond
günstig für den Aufbau, zur Kräftigung des Körpers und seiner Organe, zur allgemeinen Stärkung. Der zunehmende Mond nimmt auf. In Richtung Vollmond nimmt die Kraftwirkung zu.

Auch die Tage eines jeden Monats sind unterteilt in die uns bekannten 12 Tierkreiszeichen, so dass die Tage, genau wie die Monate, unterschiedliche Qualitäten besitzen. Im Alltag berücksichtige ich gerne dieses Wissen z.B. bei Behandlungen, Fastenzeiten, für Kosmetik- und Friseurtermine, den Zeitpunkt geplanter Operationen, Impfungen oder anstrengender Arbeiten, beim Ausgleich von Mangelerscheinungen und auch beim Gärtnern. Schnelle Orientierung gibt ein ausführlicher Mondkalender, mit dem die Planung leicht gemacht wird.

An dieser Stelle so viel für ein grobes Verständnis. Wer mehr wissen und erfahren möchte, der findet eine Vielzahl von Büchern zu diesem Thema sowie die unterschiedlichsten Mondkalender.

[Buchempfehlung: »Aus eigener Kraft«
von Johanna Paungger/Thomas u.a.]

Monddusche
Es lohnt sich, bei Neumond oder Vollmond den Mondschein draußen im Freien zu genießen. Dadurch laden wir uns auf mit weiblicher, also lunarer Energie. Die deutsche Sprache benutzt einen männlichen Artikel für »den« Mond. Bei den romanischen Sprachen ist das richtiger: bei ihnen ist der Mond weiblich, nämlich la lune (Französisch), la luna (Italienisch, Spanisch).

Apropos Impfungen

Die Frage, welche Impfungen wirklich notwendig und sinnvoll sind, stellen sich heute sicherlich immer mehr Eltern ganz zurecht. Sensible Kinder können besonders unter den Nebenwirkungen, Folgen und Spätfolgen leiden. Als Entscheidungshilfe bleibt das Gespräch mit einem Kinderarzt Ihres Vertrauens, einschlägige Literatur und der gesunde Menschenverstand. Die Erfahrungen von anderen Eltern können auch hilfreich sein. Folgender Hinweis kann zumindest eine Hilfe für den rechten Zeitpunkt sein, wenn Impfungen nicht zu vermeiden sind:

Aufgrund der Erfahrungen mit den Folgeerscheinungen von Impfungen sollten diese nicht an den drei Tagen vor Vollmond und nicht am Vollmondtag selbst durchgeführt werden. Für geimpfte Kinder ist es ratsam, einige Tage Ruhe zu genießen und so behandelt zu werden, als ob sie gerade von einer Krankheit genesen wären. Das heißt also, man sollte ihnen in dieser Zeit keine größeren sportlichen oder anderen Belastungen zumuten.

Organuhr

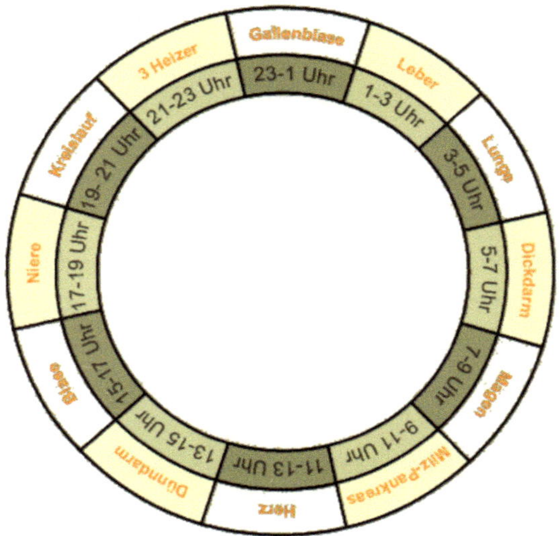

Eine kleine Erklärung:

Jedes Organ hat eine Hoch- und eine Tiefphase. Die Abbildung zeigt die Uhrzeit, wann sich das entsprechende Körperorgan in der Hochphase befindet. In den darauffolgenden zwei Stunden befindet sich dieses Organ dann in seiner Tiefphase.

Wie kann man dieses Wissen nutzen?

Wenn zu bestimmten Zeiten immer wiederkehrende körperliche Symptome auftreten, wir nachts beispielsweise regelmäßig zur gleichen Zeit aufwachen, so kann das auf ein Problem des entsprechenden Organs in der Hochphase hinweisen.

Aus der Organuhr lässt sich gut ein gesundheitsfördernder Lebens- und Tagesrhythmus für uns ablesen.

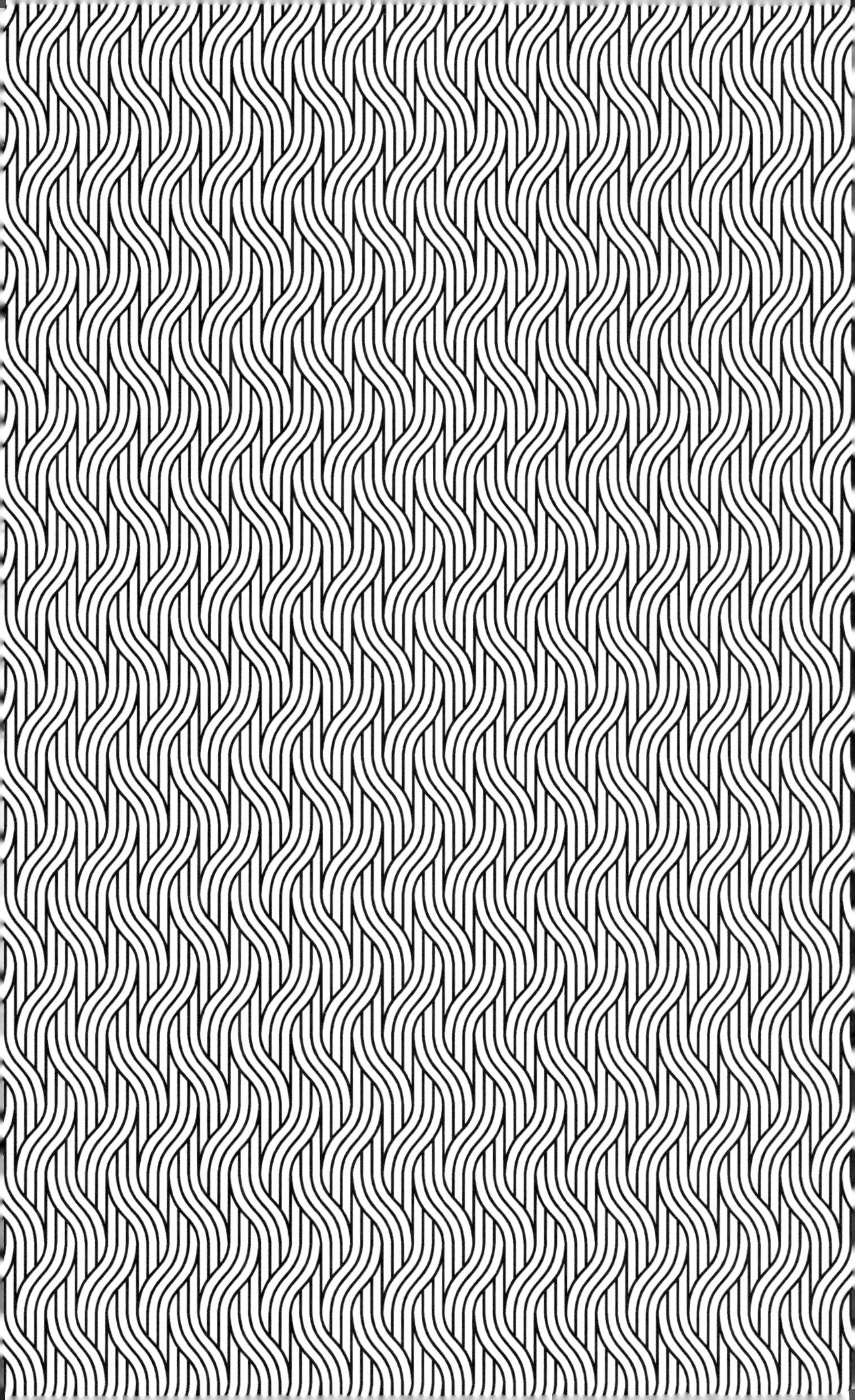

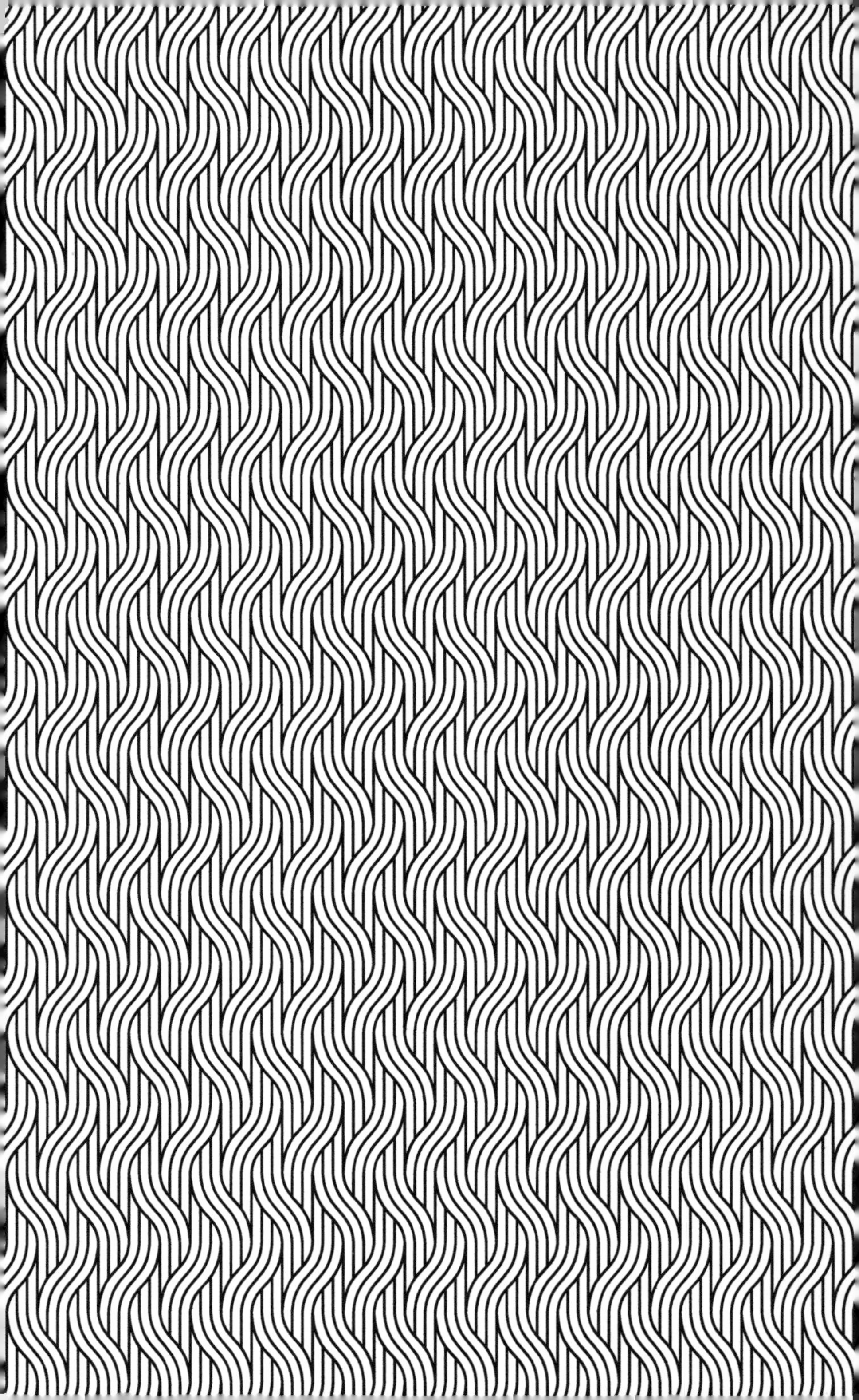

Lebensenergie

Uns wird Lebensenergie geschenkt, und die wichtigste Aufgabe ist es, sinnvoll damit umzugehen, sie gut zu nähren und sie bestenfalls noch auszudehnen. Wie können wir das erreichen? Indem wir zunächst einmal all das meiden, was uns schadet: eine ungesunde Ernährung, Schlafmangel, zu viel Alkohol, Rauchen, zu wenig Bewegung an der frischen Luft, Umweltgifte, Stress – beruflich oder privat –, dauerhafte Unter- oder Überforderung, lieblose Beziehungen usw.

Pilze im Körper beispielsweise können großen Schaden anrichten und Ursache für viele Krankheiten, auch chronische Leiden sein. Ein weiteres oft nicht erkanntes Problem stellen versteckte Zahnherde im Kieferbereich dar. Jeder Zahn korrespondiert mit bestimmten Organen oder Körperregionen. Daher ist es wichtig, die Zahn- und Kiefergesundheit zu berücksichtigen.

Bevor ich mich im nächsten Abschnitt mit dem beschäftige, was unsere Lebensenergie stärkt und ausdehnt folgt hier zunächst eine Liste von Energieräubern. Beispiele möglicher Krankheitsauslöser auf den unterschiedlichen Ebenen, die leicht übersehen oder unterschätzt werden:

Ahnen

Alkohol

Alte Schwüre, Versprechungen....

Ängste

Bakterien, Viren, Pilze ...

Besetzungen (Energien von anderen Menschen oder Verstorbenen)

Bettqualität

Bewegung

Beziehungen

Einsamkeit

Elektrosmog

Ernährung

Fehlende Anbindung an das Höhere (Spiritualität, Verhältnis zu Gott)

Fehlende Wertschätzung

Geldsorgen

Impffolgen

Karma (Geschehnisse aus alten Leben)

Kindheit, Familie

Mangelnde Anerkennung

Mangelnde Berührung

Mangelnde Erdung

Mangelnder Naturkontakt

Mangel an Liebe

Mangelnde Selbstliebe

Mangelndes Angenommensein

Medikamente

Missbrauch

Nicht gelebte Talente

Parasiten bei Haustieren

Rauchen

Schlafplatz

Schock und Traumata

Stress am Arbeitsplatz, in Beziehungen, in der Freizeit, in der Schule

Übersäuerung (z.B. durch Ernährung oder Stress ...)

Umerzogener Linkshänder

Unerkannte Unverträglichkeiten

Unter- und Überforderung

Verlorener Zwilling (im Mutterleib)

Zähne, Zahnherde, Kiefer

Gesundheit

Nach meinem Verständnis ist der menschliche Organismus ständig darum bemüht, die Balance im Körper zu halten und krankmachende Faktoren auszugleichen, um uns gesund zu erhalten. Krankheit könnten wir betrachten wie einen Freund, der uns darauf aufmerksam machen möchte, dass etwas in uns aus dem Ruder, aus dem Lot geraten ist.

Wenn der Körper mit Krankheit auf sich aufmerksam macht, gilt es, neben einer möglichst fehlerfreien Diagnose auch die Ursachen der Erkrankung zu finden, ob sie z. B. auf der körperlichen, emotionalen oder geistigen Ebene entstanden ist. Wenn die Ursachen gefunden, verstanden und die krankmachenden Faktoren zügig verändert werden, kann es geschehen, dass die Symptome vergehen und Heilung geschieht.

Unterschiedliche Therapieformen sprechen unterschiedliche Menschen an. Die Zeit und die menschliche Entwicklung schreiten voran. Und so werden wir sicher in absehbarer Zeit eine Medizin erleben, die ich als Energie-, Informations- bzw. Bewusstseinsmedizin bezeichnen würde. All das gibt es heute schon, dehnt sich seit Jahren aus und wird von einigen Pionieren bereits praktiziert. Doch für eine größere Akzeptanz und Verbreiterung eher feinstofflicher Behandlungsformen braucht es vermutlich ein komplexeres Verständnis des Menschseins wie auch der umfassenden Einflüsse und deren Auswirkungen auf Gesundheit und Krankheit.

Ich bin mir sicher, dass sich die Menschheit in Zukunft mehr in diese Richtung bewegen und darin den Schlüssel für eine größere Eigenverantwortung und Bewusstseinsentwicklung finden wird.

Die folgende Grafik zeigt Beispiele prägender Bereiche unseres menschlichen Seins. In jedem Bereich kann aus meiner Erfahrung die Ursache für ein krankhaftes Geschehen liegen, denn

Krankheit bereitet sich erst auf den anderen, den feinstofflichen
Ebenen vor, bevor sie auf der körperlichen Ebene ausbricht. Anmerkung: feinstoffliche Ebenen sind die emotionale, die mentale
(Gedankenebene) und die spirituelle Ebene. Für eine nachhal-
tige Heilung gilt es, dieses Wissen zu berücksichtigen. Dadurch
werden immer mehr Menschen verstehen lernen, dass die so
genannten alternativen und komplementärmedizinischen Heilmethoden eine viel versprechende und segensreiche Ergänzung
zur klassischen Schulmedizin darstellen. Im Schulterschluss, im
Austausch und in der gegenseitigen Akzeptanz der unterschiedlichen heilerischen Ansätze liegt nach meinem Verständnis die
Chance der Weiterentwicklung der Medizin und der Hilfe für
den Patienten.

Lebensmosaik

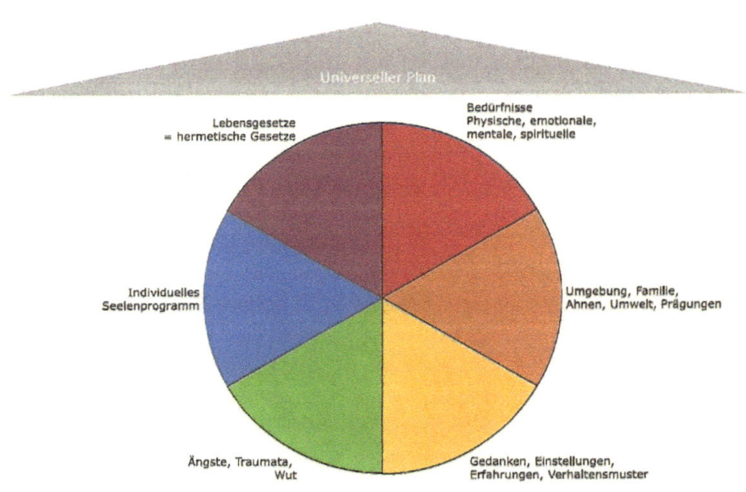

Kraft- und Energiespender von A-Z

Auf den nächsten Seiten führe ich einige der wichtigsten Energiequellen an, die mir auf meinem Weg begegnet und heute Bestandteil meines Lebens sind. Diese Aufzählung ist als Anregung gedacht und sicherlich ausdehnbar. Machen Sie Ihre Erfahrungen damit und ergänzen diese durch Ihr eigenes Erleben. Eines vorweg: Gefühle der Liebe, Wertschätzung, Dankbarkeit, Freude und echtes Mitgefühl wirken wie ein Jungbrunnen auf unsere Zellen.

Astrologie

Eine Begegnung mit der Astrologie ist eine Begegnung mit uns selbst. Sie kann uns helfen zu erkennen, wer wir sind. Fragen wie die folgenden lassen sich oftmals mit Hilfe eines Horoskops leichter beantworten: »Wozu passiert mir genau das, was kann ich aus der Situation lernen, was hilft mir jetzt am besten?«
Über die Astrologie können wir nicht nur uns selbst, sondern auch andere Menschen besser verstehen.

Das individuelle, persönliche Horoskop bildet die Anlagen ab, durch die sich unsere Persönlichkeit entwickeln kann. Astrologie bedient sich kosmischer Symbole, um die Komplexität unseres gesamten Seins abbilden zu können. Daher hat sie etwas mit Persönlichkeitsentwicklung zu tun und stellt ein machtvolles Erkenntnisinstrument dar.

Atmung

Intensive Atmung fördert die Sauerstoffzufuhr der Zellen, unterstützt die Gesundheit und wirkt wie ein Jungbrunnen. Es gibt unterschiedliche Atemtechniken, die erlernt werden können, auch im Hinblick auf bestimmte Krankheiten. Erlernen Sie eine zu Ihnen passende Methode, um dann regelmäßig – am besten täglich – eine Atemübung durchzuführen.

Ich beispielsweise beginne jeden Tag mit einer morgendlichen Meditation und vorherigen Wechselatmung.

Wechselatmung:
- Handhaltung: Zeigefinger und Mittelfinger der rechten Hand werden an den Handballen gedrückt und Daumen, Ringfinger und kleiner Finger nach oben gestreckt.
- Atmen Sie einige Male tief ein und aus.
- Mit dem rechten Daumen schließen Sie nun das rechte Nasenloch und starten damit, durch das linke Nasenloch einmal jeweils langsam aus- und dann einzuatmen.
- Danach erfolgt der Wechsel zum anderen Nasenloch – mit dem rechten Ringfinger das linke Nasenloch verschließen und durch das rechte Nasenloch einmal langsam aus- und einatmen.
- Wieder wechseln – Daumen auf das rechte Nasenloch und durch das linke einmal bedächtig aus- und einatmen bis Sie bei 36 mal angekommen sind. Sie enden also mit der Ausatmung auf dem rechten Nasenloch mit dem Ringfinger auf dem linken Nasenloch.

[Buchempfehlung: »Der spirituelle Notfallkoffer« von K. Ceming und C. Spannbauer]

Bäder

Mit Vollbädern können Sie Ihre Gesundheit wunderbar unterstützen. Hier einige Beispiele für Badezusätze und ihre Wirkung, die sich nach ca. 20-30 Minuten Badezeit einstellt:

Baldrianbad	beruhigend, fördert den Schlaf
Borretschbad	entgiftend
Lavendelbad	beruhigend, fördert den Schlaf
Meersalzbad	entgiftend, anregend
Melissenbad	gegen Nervosität
Rosmarinbad	anregend
Salzbad	entgiftend
Thymianbad	gegen Erkältung, Husten
Verwöhnbad	1 Liter Milch (tierische oder pflanzliche), 1 Tasse Honig, 10 Tropfen Rosenöl, Rosenblütenblätter: Milch erwärmen, Honig und Rosenöl hinzufügen, diese Mischung ins Vollbad geben und zum Schluß die Rosenblütenblätter

Berührung

Berührung ist die beste Medizin. Sie macht friedfertig und wirkt heilsam. Wie schön, wenn wir uns für die Säuglinge und Kinder viel Zeit für Liebkosungen, Streicheln, Hautkontakt nehmen. Übrigens auch ein gutes Rezept für eine dauerhafte, liebevolle Beziehung ...

Da unsere Hände, besonders die Handinnenflächen, eine heilende Ausstrahlung haben, können wir dieses Wissen bei den unterschiedlichsten Symptomen nutzen und unsere Hände auf die schmerzenden Stellen legen, um die Energie einfach fließen zu lassen. Mit der Zeit und der Übung kommt das Vertrauen und mit dem Vertrauen immer mehr Sicherheit in die heilende Wirkung. So gehören Massagen beispielsweise zu den ältesten Heilmethoden.

Düfte

Düfte wirken auf das Limbische System, das Säugetier-Gehirn, und beeinflussen so unser Steuerungssystem, sei es auf der physischen, emotionalen oder auch auf der sexuellen Ebene. Wir sollten gut darauf achten, dass wir nur natürliche Düfte bzw. ätherische Öle nutzen. Düfte können die Blut-Hirn-Schranke durchdringen, was sich bei den synthetischen Düften negativ auf unser Nervensystem und unseren Organismus auswirkt.

[Buchempfehlung: »Lexikon der Düfte«
Axel Meyer]

Edelsteine

Edelsteine sind große Kraftspender. In Mutter Erde in Jahrmillionen gewachsen, tragen sie unterschiedliche Schwingungen in sich, die sie an uns weitergeben. Hier einige Beispiele der bekanntesten Edelsteine und ihre Wirkung:

[Buchempfehlungen: »Lexikon der Heilsteine«, Michael Gienger, /
»Steine und Sterne«, Barbara Newerla]

Amethyst	beruhigt, fördert d. Konzentration, Meditationsstein
Aquamarin	fördert Ausdauer, Durchhaltevermögen und Weitblick
Bergkristall	vitalisiert, schenkt Klarheit, einer der wichtigsten Heilsteine
Bernstein	fördert ein sonniges, sorgloses Leben; hilft beim Zahnen der Kinder
Diamant	fördert klare Erkenntnis und geistige Freiheit, Krisenbewältigung
Fluorit	Konzentrations- und Lernstein, geistige Klarheit, für Neuanfänge
Karneol	Standfestigkeit, Idealismus, Gemeinschaftssinn, Mut
Lapislazuli	stärkt die Authentizität, wird »Stein der Wahrheit« genannt
Rosenquarz	Einfühlungsvermögen, Liebesfähigkeit, Herzenskraft, Romantik
Rubin	Lebensfreude, Leidenschaft, Tapferkeit, Mut, Vitalität
Saphir	Konzentration, Geradlinigkeit, Wunsch nach Wissen und Weisheit
Smaragd	Wachheit, Klarheit, Weitblick, Sinn für Schönheit, Harmonie
Türkis	Abgrenzung, gleicht Stimmungsschwankungen aus
Lapis zusammen mit Chalcedon getragen	wirkt gegen Stottern

Entspannung

Ein Riesenthema kurz beleuchtet. Anspannung und Dauerstress sind eine Geisel der heutigen Menschheit und zwar im beruflichen wie im privaten Bereich. Wahre Muße und Entspannung ist heilsam und sollte sich mit den Phasen der Anstrengung abwechseln.

Emotionen / Gefühle

Unsere Gesundheit hängt auch mit unseren Gefühlen zusammen. Ein überwiegend positives Erleben im Beruf, in der Partnerschaft und in der Freizeit trägt wesentlich zu unserem Wohlbefinden bei und fördert das physische und psychische Befinden. Unsere Gefühle leiten uns durch das Leben wie ein Kompass, und unser Körper reagiert wie ein Seismograph.

Die Gefühle machen uns menschlich. Das heißt auch, dass ungute Gefühle auf Dauer krank machen. Wie kann das sein? Über unserem physischen Körper befinden sich Energiekörper, die unsere Physis wie unsichtbare Hüllen umschließen, der emotionale, geistige und spirituelle Körper. Das kann man sich vorstellen wie die russischen Babuschka Puppen, ein Körper über dem anderen. Somit ist es gut zu verstehen, dass wir für überwiegend gute Gefühle sorgen sollten, allein schon um unsere Gesundheit zu fördern.

Unser physischer Körper gilt als Tempel unserer Seele. Bevor sich eine Krankheit auf der physischen Ebene zeigt, hat sie sich bereits auf einer der anderen Ebenen über einen längeren Zeitraum entwickelt. In unserer Sprache sind diese Zusammenhänge als Organsprache bekannt. Dafür ein paar Beispiele: Welche Laus ist Dir denn über die Leber gelaufen? Ich habe die Nase voll. Das geht mir an die Nieren. Mir läuft die Galle über. Blind vor Eifersucht ... Der Ärger schlägt mir auf den Magen. Es hat ihn der Schlag getroffen. Was liegt Dir am Herzen? Einen dicken Hals haben ...

[Buchempfehlungen: »Krankheit als Symbol«, Rüdiger Dahlke / »Heile deinen Körper«, Louise L. Hay]

Essenzen

Essenzen sind Schwingungsmittel und vermutlich so alt wie die Menschheit selbst. Bereits die Aborigines, die Ureinwohner Australiens, verwendeten den morgendlichen Tau der Blüten, um Ungleichgewichte auf den verschiedenen Ebenen des menschlichen Seins lösen zu helfen. Auch Paracelsus und Hildegard von Bingen kannten die Wirkung von Schwingungsessenzen. Über Jahrhunderte in Vergessenheit geraten, wurde dieses Wissen von Dr. Edward Bach in den 30er Jahren des 19. Jahrhunderts wiederentdeckt. Seine 38 Bachblüten Essenzen legten den Grundstein für eine Renaissance der Schwingungsmittel. Seither ist viel geschehen, denn überall auf der Welt haben sich Menschen mit den Pflanzen, Tieren und Mineralien ihrer Umgebung befasst, Essenzen hergestellt und erforscht. Mittlerweile befindet sich eine Vielzahl von ihnen auf dem Markt. Zu den Essenzen gibt es die jeweiligen Bücher, die u.a. ihre Herkunft, Art, Herstellung und Wirkungsweise beschreiben. Schwingungsmittel sind eine wundervolle Hilfe, den eigenen Themen, Problemen und emotionalen Herausforderungen zu begegnen und sie möglichst aufzulösen.

Erziehung

Mein Grundgedanke ist auch bei diesem wichtigen Thema, dass wir göttliche Wesen sind, die auf der Erde inkarnieren, um Erfahrungen zu machen und die Aufgabe besitzen, den Himmel auf Erden zu erschaffen. Jedes Kind bringt bereits einen gewissen Plan für sich selbst mit. Daher geht es im wesentlichen darum, ein Kind zu führen, es im Rahmen seiner Anlagen und Fähigkeiten zu fördern und ihm zu helfen, sich zu einem empathischen, verantwortungsbewussten und selbständig denkenden und handelnden Erwachsenen entwickeln zu können. Es geht also nicht darum, ein Kind zurecht zu biegen.

Erziehung lebt insbesondere vom guten Beispiel der Erziehungsberechtigten, denn Kinder lernen überwiegend durch das nonverbale Verhalten. Sie kopieren es geradezu. Erziehung lebt auch von der Wiederholung, von liebevoller Konsequenz, von klaren, maßvollen und altersgerechten Regeln, Grenzen und Normen. Es ist wichtig zu lernen, dass die eigene Freiheit dort endet, wo die Freiheit des/der anderen beginnt.

Konsequenzen in Aussicht zu stellen, ohne sie in die Tat umzusetzen, macht Eltern unglaubwürdig. Kinder, die das erleben, nehmen solche Aussagen nicht mehr ernst.

Das Prinzip von Ursache und Wirkung ist besser als Bestrafungen. Ein simples Beispiel: »Sobald Du mit den Hausaufgaben oder dem Ausräumen der Spülmaschine fertig bist, kannst Du zu Deinen Freunden gehen« ...

Die Liebe zu unseren Kindern wird uns auch in der Erziehung helfen und leiten, das rechte Maß an Grenzen und liebevoller Konsequenz zu finden und zwischen Anleitung und Einmischung, Führen und Loslassen zu unterscheiden.

Farben

Jede Farbe hat ihre eigene Schwingung. Diese Schwingungen übertragen sich auf uns Menschen. Im Alltag können wir Farben sehr leicht für uns nutzen, indem wir uns entsprechend

kleiden oder auch unsere Umgebung gestalten. Hier eine kleine
Farbübersicht:

Farben und deren Spektrum, wie sie mich bis heute unterstützen

Rot

Belebt und aktiviert, Wärme, Frieden, Freude, Selbstliebe, Vitalität, Verantwortung, Harmonie, Energie, Leidenschaft, auch
Warnfarbe, Aggression, Mut

Blau

Ruhe, Abstand, Entspannung, Meer und Himmel, Hingabe an
ein hohes Ideal, Kühle, Schutz, Flexibilität, Begeisterung, Kommunikation, Stärke

Orange

Steigert die Leistungsfähigkeit und Kontaktfreude, Mut, Stolz,
Entdeckungsfreude, Farbe der Wandlung, Vitalität, Frohsinn,
heilend bei Anämie, Abmagerung und Trübsinn, Heilwirkung

Gelb

Nervenstärke, weniger Stress, Verstandeskraft, Intellekt, Aufheiterung, Aufmunterung, Heilwirkung auf das Drüsen- und Nervensystem, Geduld, Licht, Erleuchtung, Weisheit

Grün

Fördert die Konzentration und harmonisiert (wirkt heilend),
Hoffnung, Ausgeglichenheit, Zielstrebigkeit, Bildung/Lernen,
Selbstbewusstsein, Heilwirkung bei allen chronischen Krankheiten, stabilisiertes Ichgefühl, Natur, Erneuerung, Frische,
Wachstum

Violett

Mitgefühl, Empfänglichkeit, Hingabe, Gnade, Selbstwertgefühl, Freiheit

Rosa

Zuwendende Nächstenliebe, Zärtlichkeit, Liebe, Vergebung, Trost, Verständnis, Freundschaft, Romantik

Braun

Erdkraft

Schwarz

Totes abschließen, Negation, Trauer, Farbe der Dunkelheit bzw. Lichtlosigkeit, Einsamkeit; als Kleidung elegant und vielseitig kombinierbar

Grau

Langeweile, Verdeckung von Gefühlen, Zurückhaltung, puristisch, neutral, lässt andere Farben zur Geltung kommen

Weiss

Unschuld, Reinheit, Integration, Vollkommenheit, Licht

Feste feiern / Zeremonien

Das gemeinsame Feiern ist nicht nur eine willkommene Unterbrechung im Alltag, sondern verbindet Menschen miteinander auf angenehme Weise. Gemeinsam zu feiern lädt die Menschen mit positiver Energie auf. Es heißt so schön: geteilte Freude ist doppelte Freude! In manchen Kulturen feiert oder feierte man bis zur Ekstase, weil es bekannt ist und war, wie wichtig das

Feiern, das Aufladen mit Freude ist. Wer feiert schießt nicht. Gelungene Feste zu feiern ist nicht selbstverständlich. Es braucht neben dem Rahmen und der Verköstigung auch kreative Ideen, um die geladenen Gäste miteinander in Kommunikation und Austausch zu bringen. Und wenn das gelingt, haben alle besonders viel davon.

Gebet

Das Gebet bringt uns in Kontakt mit einer höheren Ordnung. Es schließt die Hoffnung und den Glauben ein an eine liebevolle und Kraft spendende Instanz, die jeden einzelnen ohne Ausnahme unterstützen kann.

Die Kunst des Betens ist, Worte, Gefühle und Gedanken im Lichte des EINEN zu halten. Es gibt immer wieder die Erfahrung, dass Menschen durch Gebete geheilt wurden. Wissenschaftliche Untersuchungen haben gezeigt, dass beispielsweise Patienten, für die vor einer Herz-OP gebetet wurde, zuversichtlicher und entspannter in die Operation gingen und schneller genesen konnten als die Vergleichsgruppe ohne Gebetsbegleitung.

Gemeinschaft / Gesellschaft

Zusammensein mit anderen Menschen ist elementar, denn Einsamkeit macht krank. Der Mensch ist nicht gemacht, alleine zu sein. In Zukunft wird die Menschheit vermutlich neue Formen des gemeinschaftlichen Lebens und Arbeitens entwickeln, so dass alle davon profitieren.

Gefühle

Die menschlichen Gefühle wirken wie ein Seismograph oder ein Kompass in unserem Leben. Sie zeigen uns den Weg und machen uns darauf aufmerksam, ob wir uns mit etwas oder jemandem wohlfühlen oder nicht. Daher ist es wichtig, dass wir Menschen auf unsere Gefühle achten und sie nicht etwa verdrängen. Verdrängte Gefühle können zu Kummer, Leid, Krankheit, Depressionen etc. führen. Im Leben geht es darum, gute Gefühle zu haben oder zu entwickeln.

Haptik

Wir erkennen immer mehr, wie wichtig das Arbeiten und Gestalten mit den Händen aufgrund der Verschaltung von Händen und Gehirn ist. Daher gilt es, bereits im Kindesalter das Matschen, im Sand spielen, Malen, Werkeln etc. zu fördern. Im Alter wirken Tätigkeiten, die mit den Händen ausgeführt werden, der Demenz entgegen.

Haustiere und Kinder

Haustiere sind für uns Menschen oft liebevolle Kameraden und unverzichtbarer Bestandteil der Familie. Häufig sind sie uns auch wie ein guter Therapeut.

An dieser Stelle möchte ich etwas erwähnen, was viele nicht wissen: Haustiere können Krankheiten bei Menschen mit einem schwachen Immunsystem verursachen. Dazu gehören besonders Babys, Kleinkinder und Kinder, weil sich ihr Immunsystem im Laufe der Zeit erst bilden muss. Der Zusammenhang ist der, dass Tiere Parasiten in sich tragen, die für sie selbst und Menschen mit einem intakten Immunsystem kein Problem darstellen, für Kinder und Menschen mit Immunschwäche aber schon. Daher mein Rat: wenn sich chronische Krankheiten in der Familie zeigen, sollte auch das Haustier, ob Hund, Katze, Vogel o. a. als Parasitenträger und als möglicher Krankheitsverursacher in Betracht gezogen werden.

Ein Beispiel aus der Klasse unserer Tochter kurz erzählt: die jüngere Schwester eines Mitschülers litt mit der Zeit an Gelenkschmerzen in Beinen, Armen und Händen. Das ging soweit, dass die Mutter sie fahren und immer mehr auch für sie schreiben musste. Kein Arzt fand Abhilfe. Gegen Mitte/Ende der an einem anderen Ort verbrachten Ferien, erholte sich das Mädchen regelmäßig, doch zu Hause fingen die Symptome bald wieder an. Nach längerer Leidenszeit sahen die Eltern einen Zusammenhang mit dem Leben zu Hause und wurden von einer Freundin auf den Wellensittich aufmerksam gemacht, den die Tochter besaß. Sie machten die Probe aufs Exempel und gaben das Tier samt Käfig in Pension. Und siehe da, die Probleme verschwanden wie von Zauberhand. Der Vogel konnte natürlich nicht zurückgenommen werden.

Hobby

Eine Freizeitbeschäftigung, die Freude macht, ist goldwert. Musik, Kunst, Sport, Tanz, Imkern, Töpfern ... mach, was immer Dir gefällt!

Kunst

Das Betrachten von Bildern oder selber malen beruhigt, entspannt und vernetzt die Gehirnhälften. Wie heißt es so schön, jeder kann malen oder etwas gestalten. Probieren Sie es aus und lassen Sie Ihrer Phantasie freien Raum!

Lachen

Lachen ist gesund. Lachen ist die beste Medizin, so heißt es ganz zurecht. Lachen wirkt sich tatsächlich positiv auf die Gesundheit aus. Das Immunsystem wird stimuliert, Muskeln und Stoffwechsel werden aktiviert, Schmerzen gelindert, Entspannung und Kreativität gefördert und das alles kostenlos!

Sogar ein künstliches oder gewolltes Lachen wirkt sich positiv auf unseren Organismus aus. Und mit der Zeit und der Übung kommt uns das Lachen auch leichter über die Lippen. Was hilft sind spaßige Filme, Witze und die Umgebung von humorvollen Menschen.

Eine schöne Möglichkeit, die inneren Selbstheilungskräfte zu stimulieren, ist das »Innere Lächeln«. Im Meditationsmodus lächeln wir besonders den Organen oder Körperteilen, die Unterstützung brauchen, innerlich zu.

Licht

Alles Leben drängt zum Licht, ohne Licht kein Leben. Auch wir Menschen sind Licht. Gefühle der Einheit, Harmonie, Empathie, Dankbarkeit und Liebe lassen uns in einem hellen Licht erstrahlen und höher schwingen. Und darum geht es, dass wir unser Licht immer mehr leuchten lassen.

Liebe = Licht = Heilung

In unseren Breitengraden mangelt es besonders in den Herbst- und Wintermonaten an natürlichem Sonnenlicht. Einer tristen Stimmung in der dunklen Jahreszeit können wir mit einer Tageslichtlampe von 10.000 Lux entgegenwirken. Sie ist nicht teuer und kann sehr hilfreich sein. Eventuell ist auch an Vitamin D und in dieser Verbindung auch an Vitamin K zu denken.

Liebe

Liebe ist die höchste, dem Menschen zur Verfügung stehende Energieform. Indem man Geist und Herz für die Liebe öffnet, beginnt die universelle, göttliche Energie ungehindert durch den Menschen zu fließen.

Man fand heraus, dass Heiler in dem Moment, in dem sie Heilung spenden, ihre ganze Aufmerksamkeit auf das Herzchakra fokussiert haben. Im aktivierten Zustand ist dieses Energiezentrum scheinbar in der Lage, bedingungslose Liebe auszustrahlen. Und diese Liebe kann die krankhaft veränderte Materie z. B. bei Patienten wieder ins Gleichgewicht bringen und Heilung einleiten.

Wahre Herzensliebe besitzt die gleiche Schwingungsfrequenz wie unser Planet Erde, also eine Schwingung von ca. 8 Hertz, auf die alle Säugetiere und der Mensch eingestimmt sind. Diese Liebesschwingung wirkt positiv auf unsere Gene und auf die Zirbeldrüse, die angeregt wird ein spezifisches Hormon zu produzieren, das wiederum die Hormonproduktion weiterer Drüsen anregt – mit verjüngender oder sogar lebensverlängernder Wirkung.

Liebe, Mitgefühl und Wertschätzung zählen zu den höchsten Frequenzen, in denen ein menschliches Wesen schwingen kann und haben die Kraft, Körper, Geist und Seele zu heilen. Wissenschaftler fanden heraus, dass die Schwingung der Emotion »Wertschätzung« mit einem Wert von 1,689 exakt der Proportion der DNA-Welle entspricht. Das Gefühl von »Wertschätzung« wirkt ordnend und aktivierend auf die DNA, die als zentrale Schaltstelle den gesamten Aufbau unseres Körpers und die permanente Neubildung der Zellen regelt.

Wissenschaftler des kalifornischen »HeartMath Institutes« haben entdeckt, dass das elektromagnetische Feld des Herzens fünftausend Mal mehr Energie abstrahlt als Energie beim Denken entsteht.

Der Dalai Lama sagt: »Love and compassion is the true religion to
me. You don't need religion in order to live it.«
(Für mich sind Liebe und Mitgefühl die wahre Religion.
Es braucht keine Religion, um diese zu leben.)
»Der Arzneien höchste ist die Liebe«, so Paracelsus.
Jesus sprach: »Und hättet ihr die Liebe nicht....«
(Hohelied der Liebe)

Wir Menschen haben uns vorgenommen, die Vision der Liebe
in unseren Herzen aufrecht zu erhalten, was immer uns wider-
fährt oder widerfahren ist. Da wir oftmals schon sehr früh im
Leben emotional verletzt worden sind, schützen wir uns automatisch indem wir unser Herz peu à peu verschließen. Aus einem verschlossenen Herzen fließt jedoch nichts mehr heraus,
aber leider auch nichts mehr hinein. So erleben wir im Alltag
oft, dass trotz aller Anstrengung, liebevoll zu sprechen, zu fühlen und zu handeln, die Liebe bei anderen dennoch nicht an-
kommt oder wir selbst auch, aufgrund von Enttäuschungen, aus
der Liebe fallen. Dann dürfen wir uns wieder und wieder darin
üben, Liebe, Wertschätzung, Verständnis und Vergebung fließen
zu lassen für uns selbst und andere, so dass irgendwann auch
das verwundete Herz sich öffnen kann. Dann kann Heilung geschehen ... Gebt den Bedürftigen das, was sie benötigen ...

Meditation
Regelmäßige Meditation fördert die Gesundheit nachweislich.
Forschungen haben ergeben, dass regelmäßiges Meditieren u. a.
die Konzentrations- u. Denkfähigkeit verbessert, Stress abbaut
und die Blutdruckwerte mit der Zeit normalisieren kann. Gerade heute ist es von unschätzbarem Wert, sich jeden Tag eine
Zeit einzuräumen für den Blick nach innen, am besten stets zur

gleichen Zeit. Es ist eine gute Möglichkeit, sich mit der eigenen Mitte zu verbinden und der Quelle allen Seins.

Stress, Überforderung und Depressionen betreffen nicht nur Erwachse, auch Kinder fühlen sich zunehmend unter Druck gesetzt, oftmals schon im Grundschulalter. In Großbritannien hat man daher »Achtsamkeit« als neues Pflichtfach eingeführt: hier üben die Schüler verschiedene Atem- und Entspannungstechniken und lernen, die eigenen Gefühle und die ihrer Mitschüler besser zu verstehen. Außerdem stehen Übungen zur Körperwahrnehmung auf dem Programm.

Musik

Musik hören berührt die Seele und öffnet die Menschen für ihre Gefühle, auch die Menschen, die sonst Schwierigkeiten damit haben, ihre Gefühle wahrzunehmen. Hören Sie die Musik, die Sie berührt oder machen Sie selbst Musik. Das Singen im Chor beispielsweise lässt Herzen im gleichen Takt schlagen und wirkt sich über die bewusste tiefe Atmung im Einklang mit der Musik und den anderen Chorsängern positiv auf die Seele, das Nervensystem und auf die Herzgesundheit aus. Was wollen wir mehr?!

Natur

Spaziergänge in der Natur, im Wald, am Meer usw. wirken aufladend und heilend. Empfehlenswert ist ein täglicher, mindestens 20-minütiger, zügiger Spaziergang in der Natur. Es gibt sogar einen Begriff für die heilsame Bewegung/Therapie im Wald: Waldbaden.

Natur- und Lebensgesetze

Die sieben Kosmischen Gesetze nach Hermes Trismegistos = Thot (Hermetische Gesetze - Definition dem Internet entnommen). Die gesamte Philosophie beruht auf sieben Kosmischen Gesetzen.

»Thot, der ägyptische Gott der Weisheit = Hermes Trismegistos, »der dreimal große Hermes« der Griechen, hatte die Kosmischen Gesetze einst auf Smaragd-Tafeln geschrieben. Die Gesetze gelten im gesamten Kosmos, auf allen Ebenen des Seins. Sie sind ewig und unabänderlich. Aber über allen Gesetzen steht die Gnade Gottes/des Universums, die alle Gesetze transzendieren kann!

1. Das Prinzip des Geistes – Alles ist Geist

Die Quelle des Lebens ist unendlicher Schöpfergeist. Gedanken schaffen und verändern, denn sie sind reine Schöpferkraft. Die Vorstellung schafft durch das Visualisieren, und entscheidend ist dabei die Intensität des inneren Wünschens und Sehnens. So erschafft auch unser Wort als Tat der Gedanken. Achte auf Deine Gedanken – sie können schaffen und zerstören! Sei Dir dabei Deiner Verantwortung bewusst! Welche Gedanken und Worte kommen aus Dir? Was schaffst Du dadurch? Sind es Welten der Liebe und der Klarheit?

2. Das Prinzip von Ursache und Wirkung = Karma

Jede Ursache hat eine Wirkung, jede Wirkung hat eine Ursache. Jede Aktion erzeugt eine bestimmte Energie, die mit gleicher Intensität zum Ausgangspunkt/zum Erzeuger zurückkehrt, und die Wirkung entspricht der Ursache in Qualität und Quantität. Gleiches muss Gleiches erzeugen. Aktion = Reaktion. Dabei kann die Ursache auf vielen Ebenen liegen. Jeder Mensch ist Schöpfer, Träger und Überwinder seines Schicksals. Jeder Gedanke, jedes Gefühl, jede Tat ist eine Ursache, die eine Wirkung hat. Es gibt also keine Sünde, keine Schuld, kein Zufall und kein Glück, sondern nur Ursache und Wirkung, die viele Jahrhunderte und Existenzen auseinander liegen können. »Glück« und »Zufall« sind nur Bezeichnungen für das noch nicht erkannte Gesetz. Warum hast Du bestimmte Eigenschaften? Woher kommen Deine Verhaltensmuster? Bedenke bei all Deinem Denken, Fühlen, Handeln die Wirkung. Lasse Hass, Wut und Angst los und öffne Dich dem unbedingten Trauen und der Liebe. Du allein bist für Dich selbst verantwortlich.

3. Das Prinzip der Entsprechungen oder Analogien

Wie oben – so unten, wie unten – so oben. Wie innen – so außen, wie außen – so innen. Wie im Großen – so im Kleinen. Für alles, was es auf der Welt gibt, gibt es auf jeder Ebene des Daseins eine Entsprechung. Du kannst daher das Große im Kleinen und das Kleine im Großen erkennen. Wie Du innerlich bist, so erlebst Du Deine Außenwelt. Umgekehrt ist die Außenwelt Dein Spiegel. Wenn Du Dich veränderst, verändert sich alles um Dich herum.

4. Das Prinzip der Resonanz oder Anziehung

Gleiches zieht Gleiches an und wird durch Gleiches verstärkt. Ungleiches stößt einander ab. Dein persönliches Verhalten bestimmt Deine persönlichen Verhältnisse und Deine gesamten Lebensumstände. Negativität zieht Negatives an, Dunkles zieht Dunkles an, Hass zieht Hass an, Angst zieht Angst an, Sucht zieht Sucht an, Aggressivität zieht Aggressivität an. Wenn wir nicht innehalten und umkehren, setzen wir eine Spirale nach unten in Gang, die irgendwann nicht mehr zu stoppen ist und zu Depression, Verzweiflung, Unglück und Tod führt.

5. Das Prinzip der Harmonie oder des Ausgleichs

Der Fluss allen Lebens heißt Harmonie. Alles strebt zur Harmonie, zum Ausgleich. Das Stärkere bestimmt das Schwächere und gleicht es sich an. Das Leben besteht aus dem harmonischen Miteinander, dem Geben und Nehmen, der Elemente und Kräfte, die in der Schöpfung wirken. Durch Horten und Festhalten entsteht ein Stau, der zu Krankheit und Tod führt als Folge eines Irrtums: Das Leben unterstützt das, was Leben fördert. Was immer den Lebensfluss blockiert, wird geschwächt und muss gehen, weil es das Leben selbst behindert und in Frage stellt. Leben ist gegenseitiger Austausch, immerwährende Bewegung. Verschiedene Wirkungen gleichen sich immer aus, so dass so schnell wie möglich wieder Harmonie und Ausgleich hergestellt wird. Das Leben ist ständiges Geben und Nehmen. Das Universum lebt durch dynamischen Ausgleich in Leichtigkeit, Harmonie und Liebe. Geben und Nehmen sind verschiedene Aspekte des Kosmischen Energiestromes. Indem wir das geben, was wir suchen, lassen wir den Überfluss in unser Leben ein. Indem wir Harmonie, Freude und Liebe geben, erschaffen wir in unserem Leben Glück, Erfolg und Fülle. Von der Fülle des Lebens bekommt man nur so viel, wie man sich selbst der Fülle gegenüber öffnen kann. Der Mensch öffnet sich, indem er alle bewussten und unbewussten Gedanken an Mangel und Begrenzung in sich auflöst, sich von allen alten Begrenzungen trennt und Neues, Unbegrenztes wagt. Wer Fülle nicht lebt, dem bleibt sie versagt. Nimm die Fülle an. Bereichere Dich nicht auf Kosten anderer. Du musst alles bezahlen, was Du bekommst (es sei denn, es wurde Dir geschenkt). Gib, um zu empfangen.

6. Das Prinzip des Rhythmus oder der Schwingung

Alles fließt hinein und wieder hinaus. Alles besitzt seine Gezeiten. Alles steigt und fällt. Alles ist Schwingung. Nichts bleibt stehen – alles bewegt sich. Der Pendelschwung zeigt sich in allem. Das Ausmaß des Schwunges nach rechts entspricht dem Ausmaß des Schwunges nach links. Rhythmus ist ausgleichend. Überwinde Starrheit und lebe Flexibilität. Alles, was starr ist, wird zerbrechen.

7. Das Prinzip der Polarität und der Geschlechtlichkeit (Sexualität)
Alles besitzt Pole. Alles besitzt ein Paar von Gegensätzen. Gleich und Ungleich sind dasselbe. Gegensätze sind ihrem Wesen nach identisch. Nur in den niedrig schwingenden Welten, wie der 3. Dimension, tragen Aspekte als »Gegensätze« entgegen gesetzte Vorzeichen, haben unterschiedliche Schwingungsfrequenzen. Der menschliche Verstand ist dreidimensional orientiert; darum erscheint ihre Gleichheit dem polaren Denken paradox. Aber jedes Paradoxon soll in Einklang gebracht werden, in die Mitte, nur so können wir uns der Wahrheit nähern. Sonst sind unsere Wahrheiten nur halbe Wahrheiten. Wir können Wahrheit nicht verstehen, nur mit dem Herzen erfassen! In der 3. Dimension sollen wir lernen, die Einheit von allem wieder zu erkennen, indem wir bedingungslos lieben lernen und diese Liebe leben: das ist unser Lernziel auf der Erde! Urteile und werte nicht. Verurteile nicht. Erkenne auch die Gegenmeinung an. Alle haben recht. Alles hat seine Berechtigung. Alles ist gut.«

Rituale
Rituale sind festlich-feierliche Handlungen mit einem hohen Symbolgehalt, die nach bestimmten Regeln oder Mustern ablaufen. Sie untermauern einen Wunsch, der verfestigt wird und verbinden uns mit anderen Menschen oder auch den Kräften aus dem Universum. Kinder lieben Rituale. Für uns Erwachsene sind sie genauso wichtig, es sind würdige bis heilige Momente, die

Menschen tief berühren und verbinden können. Hier eine schöne Definition, die ich entdeckt habe: Rituale sind Anker im ständigen Wandel des Lebens.

Schon das Frühstück, Mittag- oder Abendessen, die Kaffeepause oder eine Teezeremonie kann ein Ritual sein ebenso wie der Zubettgeh-Ritus am Abend. Rituale können und sollten auch außerhalb von Muttertag, Geburtstag oder Weihnachten abgehalten werden. Erfinderisch zu werden und im Alltag Momente zu zelebrieren, bereichert das Leben und schenkt uns ein Gefühl der Gemeinsamkeit und Feierlichkeit.

Ruhe / Stille

In einer Welt der permanenten Ablenkung, Zerstreuung, Hektik und Anforderung ist es wichtig, an Phasen der Ruhe und Stille zu denken. Auch für Kinder sind Ruhe- und Rückzugsphasen äußerst wichtig. Die Stille hilft uns, bei uns selbst zu sein, auf unsere innere Stimme zu lauschen und in Verbindung mit unserer Quelle und Schöpferkraft zu gehen.

Schlaf, Schlafplatz und Arbeitsplatz

Am Tag bereiten wir bereits die Nachtruhe vor. Besonders durch die Art, wie wir den Abend gestalten, wird der Schlaf begünstigt oder beeinträchtigt. Ein Kräutertee aus Kamille, Pfefferminz und Baldrian mit etwas Honig gesüßt und am frühen Abend getrunken, fördert das Einschlafen. Keine aufreibenden oder belastenden Tätigkeiten mehr am Abend, sondern den Tag ausklingen lassen mit Entspannung, einem guten Buch und angenehmer Musik, das sind gute Voraussetzungen für einen erholsamen Schlaf. Selbst das Licht sollte etwas abgedunkelt und nicht mehr zu hell oder grell sein.

Der Mensch verbringt sehr viel Zeit im Bett und am Schreibtisch. Daher muss gewährleistet sein, dass der jeweilige Standort in Ordnung ist in Bezug auf Strahlenbelastung durch Wasseradern, Elektrosmog etc. Getestet werden kann das von einem Baubiologen oder einem erfahrenen Rutengänger. Ein belasteter Schlaf- oder Arbeitsplatz kann Ursache sein für die unterschiedlichsten Krankheiten. Darüber hinaus sollten Bett, Schreibtisch und -stuhl ergonomisch angepasst sein, da sonst Langzeitschäden wie Rückenprobleme usw. nicht auszuschließen sind.

[Buchempfehlung: »Erdstrahlen & Co«
Dr. med. Ulrike Banis]

Selbstheilungskräfte

Der Körper besitzt ein großes Potenzial an Möglichkeiten, sich selbst zu helfen und zu heilen. Alles in unserem Organismus ist auf Balance und Gesundheit ausgerichtet. Wenn Krankheit ausbricht, hat sie sich bereits über einen längeren Zeitraum auf einer anderen energetischen Ebene vorbereitet, sei es auf der emotionalen, mentalen oder spirituellen Ebene.

Dann gilt es, den Körper auf möglichst natürliche Weise zu unterstützen und seine Selbstheilungskräfte zu stärken. Neben der physischen sollten wir auch die emotionale, also psychische, die mentale und spirituelle Ebene berücksichtigen. Meine eigenen Erfahrungen in der Familie haben mich zu einer Forscherin in Sachen Selbstheilungskräfte werden lassen. Dazu werde ich am Ende dieses Büchleins kurz meine eigene Geschichte erzählen.

Sonnenbäder

Licht bedeutet Leben und alles Leben richtet sich zum Licht aus. Das können wir gut bei den Pflanzen und Tieren beobachten, aber auch bei uns Menschen. Sobald die Sonne scheint, zieht es uns Menschen nach draußen und wir versuchen, die Sonnenstrahlen zu erhaschen. Vitamin D wird vom Körper in der Haut mit Hilfe von der Sonne gebildet. Förderlich dafür ist ein tägliches Sonnenbad von etwa 20 Minuten auf die nackte Haut, bei sommerlichen Temperaturen am besten in den Vormittagsstunden vor 12 Uhr oder am späteren Nachmittag.

Spiritualität

Wortherkunft: spiritus – Geist, Hauch / spiro – ich atme
Wortbedeutung: Geistigkeit, Inneres Leben, geistiges Wesen;
eine auf Geistigkeit ausgerichtete Haltung einnehmend.

Früher oder später bewegen uns Fragen wie die Frage nach dem Sinn, nach dem höheren Sinn des Lebens, die Frage, woher kommen wir, wohin gehen wir, erfüllt unser Tun und Handeln auf Erden.

Wer sich eingebunden fühlt in ein großes Ganzes, wer Herausforderungen nicht als Strafe eines zürnenden Gottes sieht, sondern als Lernaufgaben erkennen kann, sich um Kommunikation mit der Schöpferkraft oder Urquelle bemüht, spürt irgendwann, dass wir mehr sind als ein Körper mit Verstand und Gefühlen und dass es wesentlich mehr gibt, als wir mit unseren physischen Augen wahrnehmen können.

Sport / Bewegung

Es gehört mittlerweile zum Allgemeinwissen, dass sportliche Betätigung besonders gesund ist. Gerade in der heutigen Zeit, wo viele Menschen aufgrund ihres Berufes sehr viel am PC sitzen müssen, gewinnt der Bewegungsaspekt immer mehr an Bedeutung. Bewegungsarten, die den gesundheitlichen Aspekt fördern, sind unter vielen anderen z.B. Radfahren, Schwimmen, Tanzen, Yoga, Qigong, Pilates, Taichi, Bogenschiessen, alle Bewegungsarten, die Körper, Geist und Seele ansprechen und auf Geist und Psyche wirken. Wichtig ist es auch, dass Sie etwas finden, was Ihnen Spaß macht! Wenn der gesundheitliche Aspekt im Vordergrund steht, sollte es weniger darum gehen, sich mit anderen zu messen, als vielmehr um die eigene körperliche und geistige Fitness und Freude.

Wasser

Es ist sehr wichtig, ausreichend Quellwasser am Tag zu trinken. Unser Körper besteht zum größten Teil aus Wasser. Wasser ist Informationsträger, reinigt und schwemmt Giftstoffe aus, transportiert Schlacken aus dem Körper, versorgt uns mit Flüssigkeit. Am besten ist stilles Wasser guter Qualität. Bei der Menge scheiden sich oft die Geister. Bei einer überwiegend vollwertig-vegetarischen oder veganen Ernährungsweise sollte ein Liter am Tag eine gute Grundlage sein. Eine Hilfe ist es, vor jeder Mahlzeit mindestens ein großes Glas Wasser zu trinken.

Worte

Worte haben Energie, sie sind machtvoll, können aufbauen oder zerstören. Daher sollten wir auf unsere Worte viel mehr achten und eine friedvolle und aufbauende Sprache wählen. Worte haben direkten Einfluss auf unsere Zellstruktur, denn der Mensch besteht zum größten Teil aus Wasser. Wasser ist ein Informationsträger, empfängt Schwingungen und reagiert darauf, also u.a. auch auf die Schwingung unserer Worte. Masaru Emoto hat mit seiner Forschung über Wasser und seine Informationsaufnahme diese Zusammenhänge sehr deutlich gemacht. In seinem Buch »Wasserkristalle, was das Wasser zu sagen hat« zeigt er die Fotos gefrorener Wasserkristalle, aufgenommen, nachdem sie den unterschiedlichsten Schwingungen von Worten, Gedanken, Musik oder Umgebungen ausgesetzt waren. Überzeugen Sie sich selbst und machen Sie die Probe mit dem Reiskorn: Gekochter Reis wird in 2 gleiche Gläser gefüllt und verschlossen. Das eine Glas wird 1 Monat mit dem Begriff »Danke« besprochen und das andere Glas im gleichen Zeitraum mit dem Wort »Dummkopf«. Sie werden den Unterschied deutlich erkennen.

[Buchempfehlung: »Wasserkristalle, was das Wasser
zu sagen hat«, Masaru Emoto / »Die Botschaft des Wassers«,
Masaru Emoto]

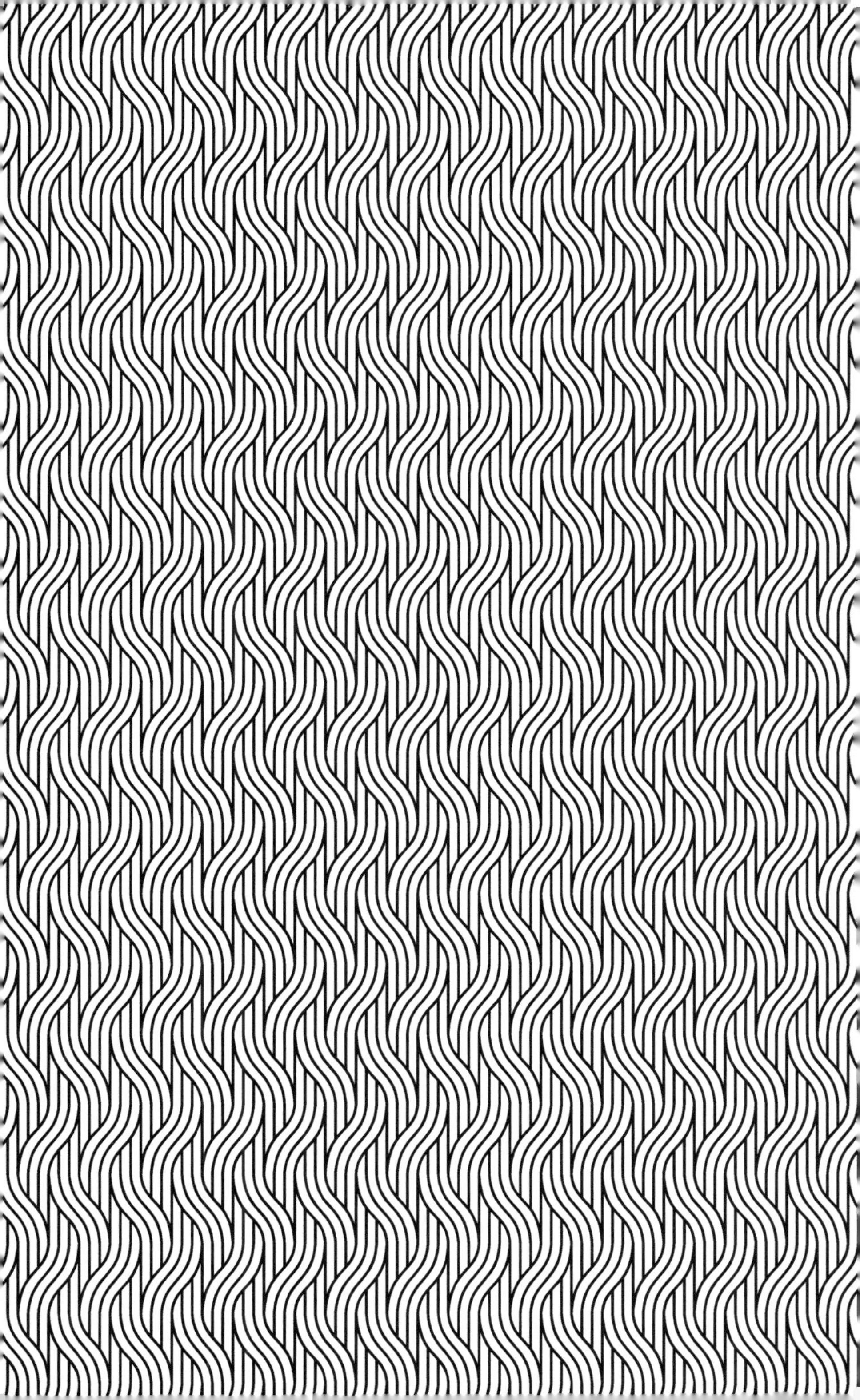

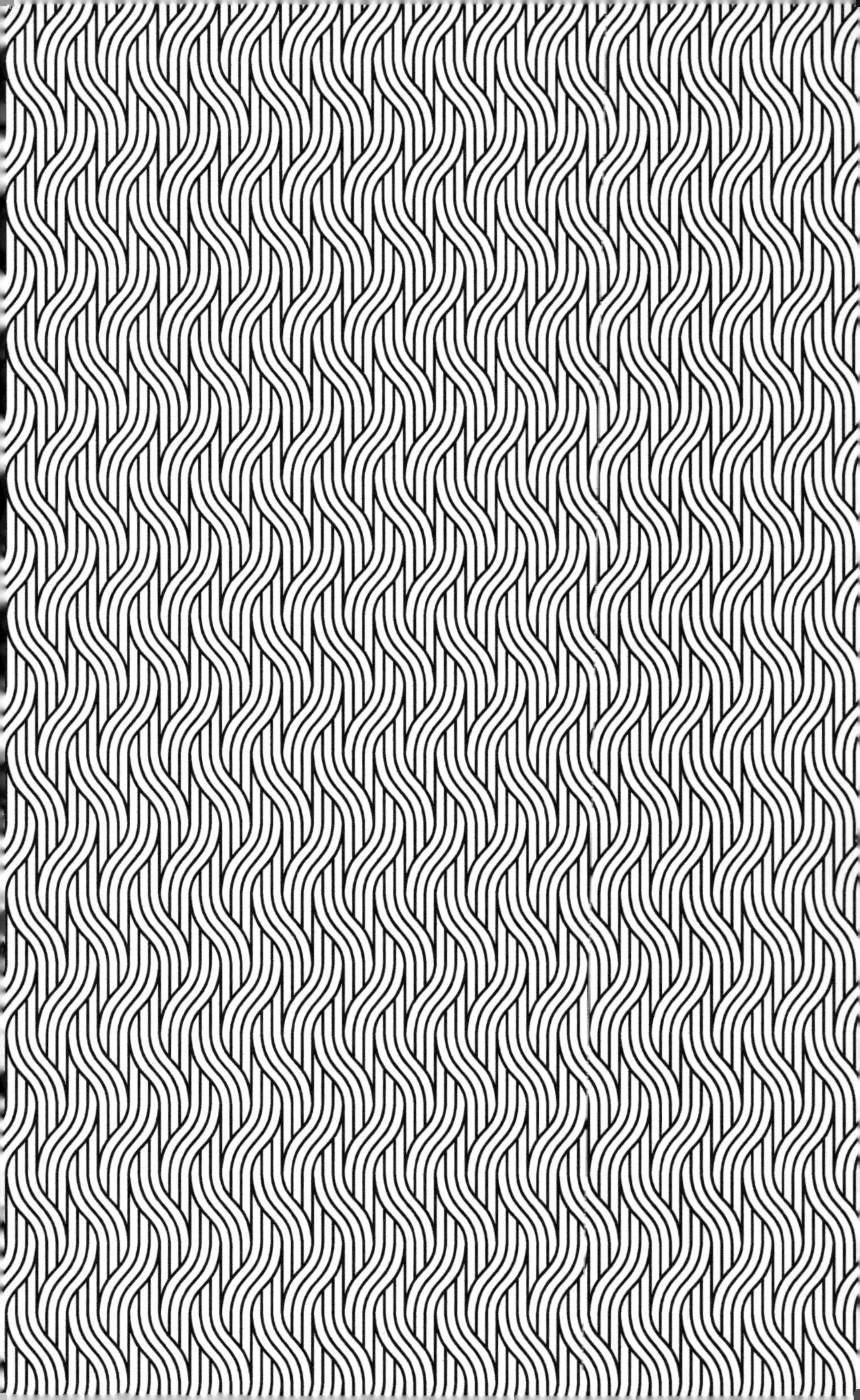

Selbsterfahrung

Meine Geschichte

An dieser Stelle nun ein kleiner Erlebnisbericht, wie ich auf den Weg des Erforschens der Selbstheilungskräfte kam. Ich beschränke mich hierbei recht unpathetisch auf die Fakten. Sicher jedoch können sich einige von Ihnen die Besorgtheit, Bedrängnis und Nöte vorstellen, die meine Familie und ich in jenen Zeiten unseres Lebens durchgemacht haben.

Am Anfang meines Weges stand der Wunsch, mein Immunsystem zu stärken und wieder aus eigener Kraft gesund zu sein. Meine Kinder waren damals klein und hatten viele Infekte, die ich sämtlich mitzunehmen schien. Das war für mich sehr ungewöhnlich, denn vor der Geburt meiner Kinder war ich sehr selten krank gewesen – sehr zu meiner eigenen Freude und der meiner Arbeitgeber.

Nun aber lernte ich die unterschiedlichsten Arztpraxen kennen und die Antwort war fast immer ein Antibiotikum. Wenn ich Glück hatte, half es – zumindest vorübergehend. Was die Kinder betraf, so wollten die Kinderärzte mich damit trösten, dass im Kleinkindalter acht Infekte pro Jahr durchaus normal seien. Für mich war das kein Trost! In einem Winter lagen meine Abwehrkräfte nach der Einnahme von vier Antibiotikas so am Boden, dass ich den festen Entschluss fasste, etwas zu verändern und nach anderen Hilfen Ausschau zu halten, ohne zu wissen, wie genau das aussehen würde. Und so begann meine Erfahrung mit Ernährungsumstellung, mit Körper- und Atemübungen z. B. aus dem Yoga und Qigong, mit Meditation, dem Lesen vieler bewusstseinsfördernder Bücher und dem Kennenlernen verschiedener natürlicher Heil- und Entspannungsmethoden. Was mir half und mich weiterbrachte, strebte ich an, selbst zu erlernen. Es folgten Ausbildungen und viele unterschiedliche Seminare. Ich betrachte das Leben heute wie ein Mosaik mit vielen Bestandteilen. Ich verstehe alles, was geschieht, als einen Lernauftrag im Rahmen von Natur- und Lebensgesetzen. Nichts geschieht aus Zufall, sondern alles hat seinen Sinn. Wie Einstein sagte: »Gott würfelt nicht.« Mit jeder gemeisterten Herausforderung häuten wir uns, gehen ein Stück weiter, erweitern unsere Grenzen und Horizonte, und dürfen uns in Liebe darin üben, geistig-seelisch zu wachsen. Indem wir die Kräfte von Himmel und Erde in uns vereinen und immer bewusster werden, erhöhen wir unsere Schwingung und überwinden so Stück für Stück unsere eigenen Schwächen.

Hier einige meiner eigenen körperlichen Beschwerden und Anfälligkeiten, die ich auf im Laufe meines Lebens überwinden und ablegen konnte: Erkältungen, Bronchitis, Nebenhöhlenentzündungen, Verdauungsbeschwerden, Übergewicht, Schilddrüsenüberfunktion, Tinnitus, Warzen, um das Wichtigste zu nennen.

Außergewöhnliche Heilung unseres Sohnes

Was sich für mich anfangs wie ein übler Fluch anfühlte, nämlich gesundheitlich anfällig und schwächlich zu sein, kehrte sich um in einen komplexen Heilungsweg mit Veränderungen in vielen Lebensbereichen. Selbstverständlich profitierte meine Familie davon ebenso wie ich. Einige Jahre später konnte ich sogar unserem damals 16-jährigen Sohn, zu meiner großen Freude und Dankbarkeit, zwei folgenschwere orthopädische Operationen ersparen, zu denen man uns dringend und ohne Aufschub geraten und gedrängt hatte.

Aufgrund einer Epiphysenlösung, vom damaligen Orthopäden bei unserem 14-jährigen Sohn nicht erkannt, weil im Anfangsstadium und auch eine recht seltene Erkrankung, wollte man ihm nun mit 16 Jahren beide Oberschenkel durchtrennen, um eine Umstellungsosteotomie vorzunehmen. Einen anderen Weg gab es schulmedizinisch nicht, weil der Zeitpunkt einer sanfteren Methode aufgrund der Fehlstellung seiner Hüftköpfe nicht mehr möglich war. Die Aussicht auf das Zersägen beider Oberschenkel war nach meinem Verständnis der Weg zu einem körperlichen Wrack mit 16 Jahren. Ich kenne viele Menschen, denen es nach orthopädischen Eingriffen leider schlechter geht als vorher.

Unterstützt von einigen Heilberuflern, entschieden wir gemeinsam in einem Familienrat, mit dem ausdrücklichen Wunsch von unserem Sohn und mir, wenigstens anderes auszuprobieren, bevor wir uns auf diese einschneidenden OPs einlassen würden, obwohl – wie bereits erwähnt – die Schulmedizin einen Aufschub für unverantwortlich hielt!

Anfangs ließen sich weder der Erfolg dieses Weges noch die einzelnen Schritte und Etappen, die vor uns lagen, vorhersehen. Wir mussten uns Schritt für Schritt vortasten, denn es gab niemanden, den wir hätten um Rat fragen können. Dies war unser alleiniger und einmaliger Weg. Der Verzicht auf jeglichen Sport (was für unseren Sohn zu diesem Zeitpunkt die größte Herausforderung war) und stattdessen tägliche Übungen aus dem Yoga und Qigong, des weiteren Energie- und Entspannungsarbeit mit der Unterstützung von ganzheitlich arbeitenden TherapeutenInnen, sowie viel entspannter Zeit für sich selbst, Zeit des Rückzugs und der Reflexion, haben ihm auf dem Weg der Heilung geholfen. Besonders wichtig erscheint mir heute im Rückblick das Vertrauen von unserem Sohn und mir in die Möglichkeit eines guten Ausgangs. Dieses Vertrauen, gepaart mit den Körperübungen, mit Radfahren und der gewonnen Zeit zum Lesen von selbst ausgewählter Literatur, hat seine Genesung erstaunlich zügig und kontinuierlich voranschreiten lassen. Veränderungen seiner Lebensinhalte und -ziele gingen fast automatisch einher mit seinem Heilungsverlauf. Darüber hinaus bin ich mir bewusst, dass diese Genesung in Verbindung mit der geistigen Welt möglich wurde. Und für diese Erfahrung und das außergewöhnliche Geschenk bin ich unendlich dankbar!

Niemand kann und darf Heilung versprechen oder vorhersehen. Sie hängt von vielen Faktoren ab, die wir niemals alle kennen. Erlebbar ist, dass jede Krankheit auf einen psycho-somatischen Zusammenhang hinweist. Und so ist jede Veränderung im Sinne einer höheren Ordnung ein Schritt in Richtung Genesung. Manches im Leben lässt sich erklären und anderes nicht. Ich habe vielfach erleben dürfen, wie sich immer wieder Erfolge gezeigt haben, angestoßen durch natürliche Impulse.

Zum Verständnis: es ist in keiner Weise mein Anliegen, von OPs oder Antibiotikas abzuraten. Sie sind ein hilfreicher und wichtiger Bestandteil unserer heutigen Medizin. Außerdem kenne und schätze ich die medizinischen Möglichkeiten sehr, besonders dort, wo sie angebracht und erforderlich sind. Mein Ansatz liegt nicht im »Entweder oder«, sondern in der sinnvollen Ergänzung.

Anmerkung:

Lassen Sie mich an dieser Stelle erwähnen, dass ich Ihnen die dramatischen Momente des Verlaufs vom Beginn der Beschwerden bis zur Diagnose und der in Aussicht gestellten OPs hier erspare. Jede Mutter wird sich vorstellen können, wie sehr wir gebangt und wie viele schlaflose Stunden wir verbracht haben in der Sorge um unseren Sohn und auch um die richtige Entscheidung, die Operationen abzusagen. Umso erstaunlicher war es, dass mit unserem Entschluss, einen anderen Weg zu gehen, unsere Bemühungen recht bald positive Ergebnisse zeigten, die ich genau dokumentiert habe. Von da an stellte sich mehr und mehr Vertrauen bei allen Beteiligten ein und die Sorgen konnten der Vorstellung einer vollkommenen Genesung weichen.

Das größte Glück des Lebens besteht nicht darin,
wenige oder keine Schwierigkeiten zu haben,
sondern sie siegreich oder glorreich zu überwinden.

Claus Hilty

Zu mir

Mein Hauptanliegen ist es, mein Wissen an andere weiterzugeben. Es liegt mir besonders am Herzen, Frauen, Kinder und junge Familien zu stärken und zu unterstützen, natürliche Heil- und Lebenswege zu gehen.

In meiner Praxis biete ich eine ganzheitliche Gesundheitsförderung für Prävention und Selbstheilungskräfte an.

Bei alledem bleibe ich auch Ehefrau und Mutter unserer beiden wunderbaren Kinder mit der Aussicht, vielleicht eines Tages auch Großmutter werden zu dürfen ...

Seit Jahren unterstütze ich meinen Mann auf seinem Heilungs-, Entwicklungs- und Selbstfindungsprozess nach einem Schlaganfall. Anders als bei unserem Sohn, ist es ein Weg mit Höhen und Tiefen, der viel Geduld, Ausdauer, Demut, Einfühlungsvermögen und immer wieder neue Motivation erfordert. Dabei unterstützen uns die aufgeführten Kraftquellen sehr. Viel Positives ist geschehen und jeder Tag bringt eine neue Chance mit sich, Erkenntnisse zu sammeln, selbst im Alter. Wenn wir uns Gott einen Schritt nähern, kommt er uns 1000 Schritte entgegen.

Mein Verständnis der Natur- und Lebensgesetze und mein Glaube an einen höheren Sinn mit göttlicher Fügung und gutem Ausgang, haben mir geholfen, mich immer wieder den Ausnahmesituationen und unerwarteten Aufgaben in meinem Leben zu stellen.

Schlusswort

Eine Familie zu führen ist ein vielseitiges, spannendes und wichtiges Projekt. Für mich kommt es darauf an, das Bewusstsein hierfür zu sensibilisieren und den Lesern und Leserinnen ein paar Hilfen für den Lebens- und Familienalltag an die Hand zu geben, denn Elternschaft ist ein göttlicher Auftrag.

Die Welt setzt sich zusammen aus jedem einzelnen, aus Ihnen, aus mir, aus uns allen und unseren Familien. Darum sind Sie wichtig, ist Ihre Familie wichtig und zwar für die ganze Welt! Jede einzelne Familie zählt, weil dort der Samen für die Zukunft gelegt wird.

Eine bewusste und heilsame Familienführung bedeutet für mich echte Prävention und Heilarbeit. Wir beugen all den Schmerzen und Wunden, seien sie körperlicher oder seelischer Natur, vor und erlauben unseren Kindern ein frohes und friedliches Heranwachsen im bestmöglichen Sinne.

Eine Gesellschaft/Gemeinschaft sollte dafür sorgen, dass Eltern diesen Auftrag so gut wie möglich erfüllen können. Dazu könnte ich mir eine Art Lebens-, Gesundheits- und Eltern- bzw. Beziehungsakademie gut vorstellen.

Viele kleine Leute
an vielen kleinen Orten,
die viele kleine Taten tun,
werden das Angesicht der Erde verändern.

Dank

An dieser Stelle mein aufrichtiger Dank an all jene, die mich auf meinem Weg gelehrt, unterstützt, begleitet, aufgerichtet und gestärkt haben. Ich danke auch denen, die mit ihren wundervollen Büchern mein Leben bereichert und mir neue Horizonte eröffnet haben. Ebenso dankbar bin ich für die vielen Alltagsbegegnungen, aus denen ich wertvolle Anregungen für dieses Buch schöpfen durfte.

Claudia Müller
Jahrgang 1955, Hotelbetriebswirtin
mit 15-jähriger Tätigkeit in First Class Hotels
im In- und Ausland
Sprachen: Englisch, Französisch und Spanisch
verheiratet seit 1986, zwei Kinder

Ausbildungen im heilerischen Bereich:
Gesundheits- und Ernährungsberatung, Reiki,
Metamorphische Methode, Geistiges Heilen,
Besprechung und Gebetsheilung, R.E.S.E.T.,
Praktische Angewandte Kinesiologie (PAK)
und vieles mehr

Literaturverzeichnis

Weibliches Manifest
Maitreyi Piontek, Ansata Verlag
1. Auflage 2009

*Die Wunder der
weiblichen Sexualität*
Maitreyi Piontek, Wilhelm Heyne
Verlag, Originalausgabe 4/2012

Frei nach Alan Cohen,
aus dem Buch
Wisdom of the Heart
Hay House Inc.

*Brüder und Schwestern
Geburtenfolge als Schicksal*
Karl König
Vandenhoeck & Ruprecht
12. Auflage 1995

Vegan Gesund
Raphael Lüthy/
Dr. Ernst Walter Henrich
2014 ProVeganShop GmbH

Aus eigener Kraft
von Johanna Paungger/Thomas
Goldmann Verlag, 13. Auflage 1993

*Energieverlust und Krankheit
durch Zahnherde*
Thomas Klein, Hygeia-Verlag,
4. Auflage 2011

Der spirituelle Notfallkoffer
Erste Hilfe für die Seele
Katharina Ceming und Christa
Spannbauer, Trinity Verlag
2. Auflage 2016

Die Sprache der Blumen
Marina Heilmeyer
BassermannVerlag
3. Auflage 2017

Lexikon der Düfte
Axel Meyer, Taoasis Verlag
12. Auflage 03/2013

*Lexikon der Heilsteine
Von Achat bis Zoisit*
Michael Gienger
Im Osterholz Verlag
2. Auflage 1997

Steine und Sterne
Barbara Newerla
Im Osterholz Verlag, 1995/1997

Krankheit als Symbol
Rüdiger Dahlke
C. Bertelsmann Verlag München
21. Auflage 2007

*Heile deinen Körper
Seelisch-geistige Gründe
für körperliche Krankheit*
Louise L. Hay
Verlag Alf Lüchow
21. Auflage 1991

Erdstrahlen & Co
Dr. med. Ulrike Banis
Karl F. Haug Verlag, 2004

*Messages from Water
Die Botschaft des Wassers*
Masaru Emoto
6. Auflage 1. April 2000

Mit diesem Buch stelle ich keine Diagnosen
und gebe auch keine Heilversprechen.
Meine Anregungen ersetzen nicht den Arztbesuch.
Bei Beschwerden oder Krankheit empfehle ich,
einen Arzt aufzusuchen. Der Inhalt wurde sorgfältig
erstellt und gilt als Anregung. Alle Angaben
erfolgen ohne Gewähr.

Impressum

Herausgeber
Claudia Müller
www.gcm-mueller.de
Gesundheitswege Claudia Müller

Gestaltung
Claudia Ott

Illustrationen
Pink Pueblo/Shutterstock (Vögel)
Teguh Mujiono/Shutterstock (Baum)

© 2019 Müller, Claudia
Herstellung und Verlag:
BoD – Books on Demand, Norderstedt
ISBN 9783748128816